나만 없어,
댕댕이

나만 없어, 댕댕이

ⓒ 해든아침 편집부, 2018

초판 1쇄 인쇄일 2018년 12월 20일
초판 1쇄 발행일 2018년 12월 28일

엮음 해든아침 편집부 질병 감수 하니종합동물병원
펴낸이 김지영 펴낸곳 지브레인Gbrain
편집 김현주
마케팅 조명구 제작 김동영

출판등록 2001년 7월 3일 제2005 - 000022호
주소 (04021) 서울시 마포구 월드컵로 7길 88 2층
전화 (02)2648-7224 팩스 (02)2654-7696

ISBN 978 - 89 - 5979 - 578 - 9(13490)

- 책값은 뒷표지에 있습니다.
- 잘못된 책은 교환해 드립니다.
- 해든아침은 지브레인의 취미·실용 전문 브랜드입니다.

나만 없어,
댕댕이

해든아침 편집부 엮음
하니종합동물병원 질병 감수

《내 강아지 오래 살게 하는 50가지 방법》과 《내 고양이 오래 살게 하는 50가지 방법》을 출간하면서 가장 인상적이었던 말이 있다.

강아지와 고양이를 비롯한 반려동물은 인간이 아니다. 그들은 그들만의 종의 특성을 가지고 있기 때문에 사람의 입장에서 그들을 이해하려고 해서는 안 된다는 것이다.

당시에는 인상적이기만 했던 그 말이 진실임을 그 후 10여 년이 지난 지금 반려동물들과 16년을 살면서 순간순간 느끼게 된다.

반려견들이 행복해하는 순간은 가족과의 산책과 맛있는 음식 그리고 흥미로운 놀이와 꿀 같은 잠일 것이다.

쉴 곳이 있고 사랑하는 가족이 있고 배가 든든하고 즐거운 놀이가 있다면 그 삶이 반려견에겐 천국이다.

언뜻 보기에는 단순한 이 조건들은 우리가 쉽게 해줄 수 있는 것이지만 한편으로는 시간과 애정, 노력을 필요로 하기도 한다.

이 책에서는 반려견과 생활하기 위한 기본 지식과 우리나라에서 인기 있는 견종들을 소개하고 있다.

견종의 특성을 이해하고 반려견을 입양하면 모두가 좀 더 쾌적한 생활을 하는데 도움이 될 것이라는 생각 때문이다.

견종 중에는 털비가 내린다고 표현할 정도로 털빠짐이 심하거나 여름겨울 계절옷을 완벽하게 갈아입거나 정말 오랜 시간 놀이와 운동이 필요하거나 헛울음이 많거나 제대로 예절교육을 받지 않으면 함께 생활하기 어렵다거나 하는 등의 특징을 가진 견종들이 있다.

건강하고 뛰어난 반려견을 원한다면 품종에 상관없이 자연스런 과정을 거쳐 품종의 장점들을 가지고 태어난 믹스견도 좋을 것이다.

우리는 반려견과의 행복한 삶을 원하는 것이지 누군가에게 품종견임을 자랑하기 위해 입양하는 것은 아니기 때문이다.

이 책이 반려견을 입양할 예정이거나 강아지를 좋아하는 사람들에게 좋은 길잡이가 되길 바란다.

해든아침 편집부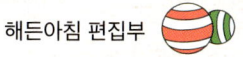

CONTENTS

- 4   머리말
- 10   FCI 견종 그룹
- 12   개의 모질에 따른 분류
- 14   개의 몸
- 16   이 책을 보는 방법

반려견과의 건강한 생활을 위한
입양부터 일상 생활까지

- 22   내 강아지를 만나는 방법
- 25   반려견 입양 전 마음의 준비
- 26   내 강아지 입양에 필요한 물품
- 30   내 강아지를 위한 사료
- 36   내 강아지의 건강한 라이프를 위한 놀이
- 39   내 강아지의 건강을 위한 일상관리
- 44   강아지 질병과 예방 그리고 동물병원

우리가 사랑하는 강아지

56	골든 리트리버	Golden Retriever
60	그레이하운드	Greyhound
62	닥스훈트	Dachshund
66	달마시안	Dalmatian
68	도베르만	Dobermann
70	래브라도 리트리버	Labrador Retriever
74	로트와일러	Rottweiler
76	알래스칸 말라뮤트	Alaskan Malamute
78	말티즈	Maltese
80	미니어처 닥스훈트	Miniature Dachshund
82	미니어처 슈나우저	Miniature Schnauzer
84	미니어처 핀셔	Miniature Pinscher
86	바셋 하운드	Basset Hound
88	베들링턴 테리어	Bedlington Terrier
90	보더 콜리	Border Collie
94	보스턴 테리어	Boston Terrier

96	불독 Bulldog
98	비글 Beagle
100	비숑 프리제 Bichon Frise
102	비어디드 콜리 Bearded Collie
104	빠삐용 Papillon
106	사모예드 Samoyed
108	샤페이 Shar Pei
110	세인트 버나드 Saint Bernard
112	셔틀랜드 십독 Shetland Sheepdog
114	스탠더드 푸들 standard poodle
116	시바 Shiba
118	시베리안 허스키 Siberian Husky
122	시추 Shih Tzu
126	아메리칸 코커스패니얼 American Cocker Spaniel
128	아프간하운드 Afghan Hound
130	올드 잉글리시 십독 Old English sheepdog

132	와이어 폭스 테리어 Wire Fox Terrier
134	요크셔테리어 Yorkshire Terrier
138	웰시 코기 팸브룩 Welsh Corgi Pembroke
142	이탈리안 그레이하운드 Italian Greyhound
144	잉글리시 코커스패니얼 English Cocker Spaniel
146	저먼 셰퍼드 독 German Shepherd Dog
150	제패니즈 스피츠 Japanese Spitz
152	진돗개 Jindo Dog
154	치와와 Chihuahua
158	카네코르소 Cane Corso
160	퍼그 pug
164	페키니즈 Pekingese
166	포메라니안 Pomeranian
168	푸들 Poodle
170	프렌치 불독 French Bulldog

🐾 FCI 견종 그룹

견종은 각국의 애견 단체에 따라 차이가 있지만 기본적으로는 형태와 이용 목적 등에 따라 미국이나 영국, 캐나다, 오스트레일리아 등은 7그룹, FCI(국제애견연맹)나 JKC, KKF는 10그룹으로 구분하고 있다.

※이 책에서는 FCI의 기준에 따라 10그룹으로 분류했다.

그룹 1

십독이나 캐틀 도그 같은 목축·목양견종 그룹.

그룹 2

쥐를 잡거나 가축을 지키던 핀셔나 슈나우저, 고대 로마의 군용견 혈통을 이어받은 모로시안 타입 견종과 스위스 캐틀 도그 그룹. 마스티프나 불독, 토사견 등이 포함된다.

그룹 3

테리어로 불리는 견종은 모두 들어간다고 보면 된다. 대부분 요크셔테리어처럼 작고 사랑스러운 모습이지만, 수렵견 출신답게 활발하고 승부욕이 강하다.

그룹 4

닥스훈트 그룹. 스탠더드 닥스훈트, 소형 미니어처 닥스훈트, 가장 작은 커닝햄 닥스훈트가 모질에 따라 스무스, 롱, 와이어로 나뉘어 총 9가지 타입이 있다.

| 그룹 5 |  | 시바견, 진돗개, 포메라니안, 시베리안 허스키 등 뾰족한 주둥이와 선 귀를 가진 스피츠 타입과 프리미티브 타입 그룹. |

| 그룹 6 |  | 비글이나 달마시안, 바셋 하운드, 쁘띠 바세 그리핀 벤딘 등 뛰어난 후각으로 먹이를 추적하는 수렵견 센트 하운드와 관련 견종 그룹. |

| 그룹 7 |  | 새 사냥 시 사냥감을 발견하는 조립견으로, 포인터나 세터 타입 등의 포인팅 도그 견종 그룹. 대표 견종으로는 잉글리시 포인터나 아이리시 세터 등이 있다. |

| 그룹 8 |  | 포인팅 도그 외의 조렵견 그룹. 숨어 있는 새를 모는 플래싱 도그, 떨어진 사냥감을 회수하는 리트리버, 물속에 떨어진 사냥감을 회수하는 워터 도그가 있다. |

| 그룹 9 |  | 가정견이나 애완견이 목적인 견종으로 보통 컴패니언 도그, 토이 도그라고 불리는 그룹. 치와와, 푸들, 시추, 빠삐용, 말티즈 등 귀여운 인기 견종이 많다. |

| 그룹 10 |  | 그레이하운드나 보르조이, 아프간하운드 등 다리가 길고 스마트한 체형으로 멀리서 사냥감을 향해 전력질주하는 사이트(시각) 하운드로 불리는 수렵견 그룹. |

개의 모질에 따른 분류

피모의 길이에 따른 분류

롱헤어	장모 타입.	
쇼트헤어	단모 타입. 스무스라고도 한다.	
와이어	철사처럼 뻣뻣하고 거친 모질 타입. 와이어 헤어드라고도 한다.	

피모의 상태에 따른 분류

더블코트 오버코트와 언더코트로 된 이중 피모.

싱글코트 언더코트 없이 오버코트만 있는 피모.

언더코트 오버코트 아래의 조밀하게 난 부드러운 털. 몸의 보온과 방수하는 역할을 하며, 가을에 생기기 시작해서 초여름에 빠진다. 하모라고도 하며언더코트가 없는 견종도 있다.

오버코트 개의 몸 표면에 있는 털로, 상모, 강모, 병모라고도 한다. 언더코트와 달리 뻣뻣하다.

헤어리스 피모가 없는 타입. 차이니즈 크레스티드 도그나 멕시칸 헤어리스 도그가 유명하다.

개의 몸

개의 몸의 명칭을 알아두면 동물병원에서 반려견의 증상을 설명할 때 좀 더 쉽게 전달이 가능하다. 동물병원을 자주 다니는 것은 비용의 문제 외에도 반려견에게 스트레스일 수 있기 때문에 당장 궁금한 것이 있다면 전화상담도 좋은 방법일 수 있다.

그리고 이때 반려견의 몸에 대한 정확한 명칭을 안다면 설명하기가 좀 더 수월할 것이다.

가령 앞발, 뒷발은 비근과 무릎, 팔꿈치 등으로 나눌 수 있다. 발바닥인지 팔꿈치인지 뒷발인지 비근인지를 전하면 수의사도 상담이 더 쉬울 수 있다.

따라서 앞발, 뒷발, 꼬리와 같은 누구나 알 수 있는 부분을 제외하고 우리가 잘 알지 못하는 개의 몸에 대한 명칭을 소개했으니 살펴보기를 바란다.

이 책을 보는 방법

몸무게
견종에 따른 몸무게를 소개했다. 그렇지만 반드시 이 몸무게가 정석인 것은 아니다.

성견의 체고나 체중을 토대로 대형견, 중형견 소형견으로 나누고 색깔별(대: 초록, 중: 블루, 소: 핑크)로 표시했다.

 대형견

 중형견

 소형견

알래스칸 말라뮤트
Alaskan Malamute

76

운동량 최소 하루 1번은 꼭 견종에 맞는 산책이나 운동을 시킨다

보통으로
10분 이상
가벼운 산책

속보로
30분 이상
속보 산책

질주
60분 이상
도그런이나 운동장 질주

썰매견 출신의 사회성 강한 반려견

늑대와 비슷한 외모를 가지고 있어 늑대개라고도 불리는 말라뮤트는 같은 지역 출신인 허스키보다 좀 더 조용하고 온순하다. 또한 가족에 대한 애정이 강하며 헌신적인 성격이고 합이 중요한 썰매견 출신답게 사회성과 협조성이 높다.

하지만 북극 출신인 만큼 겨울에 강하고 여름에 약하다. 때문에 여름을 버틸 수 있도록 피모 관리가 중요하다. 대형견에게 흔히 보이는 관절 질환을 조심해야 한다.

운동량
60분 이상

걸리기 쉬운 질병
관절 질환

care data

쉽다: 5개   어렵다: 1개

초보자가 기르기 쉽다
털빠짐, 헛울음 등이 기준이다.

건강관리가 쉽다
유전 질환, 다양한 질환 등을 고려했다.

사회성이 많다
반려인뿐만 아니라 다른 반려동물과의 사회성, 협동성을 고려했다.

예절교육이 쉽다
인내심, 교육에 대한 호기심을 고려했다.

반려견과의 건강한 생활을 위한

입양부터
일상 생활까지

　인간의 역사에서 개가 등장해 기록으로 남은 최초의 것은 BC 9500년경으로 추산되는 페르시아의 베르트 동굴 벽화이다.

　가축을 지키고 사냥을 돕고 집을 지키는 등의 사육견으로 시작한 개의 역사는 경찰견, 군사견을 시작으로 시각장애인, 청각장애인 등을 돕는 것까지 하는 일의 범위가 넓어졌다. 인간의 삶에 도움을 주는 역할은 고대나 지금이나 여전한 것이다.

　하지만 개의 위치는 이제 사육견에서 반려견으로 바뀌었다. 사냥에 유리하도록, 가축을 더 잘 지키도록, 애견의 가치가 높도록 인간의 이익을 위해 개량되어야 했던 개들이 동물복지의 시대를 살게 된 것이다.

　이 책에서는 2016~2017년에 KKF에 신청된 품종견들 중 가장 많이 등

록된 품종들과 잡지, 신문 등에 소개된 인기 견종들을 중심으로 기본 지식을 소개하고 있다.

직접 반려견들을 키우며 필수적이라고 생각했던 것들을 중심으로 소개한 만큼 혹시 반려견을 입양할 준비를 하고 있다면 이 내용들이 도움이 되길 바란다.

강아지 입양은 가족 구성원이 늘어나는 것과 같다. 예쁘고 귀여우며 절대적인 사랑을 보내는 반려견의 모습에 위안을 받는 것에 더해 그 반려견의 질병과 건강까지 책임져야 하는 가족을 들이는 큰 일이다. 따라서 예쁘다고 덥석 입양하기보다는 반려견에 관한 다양한 책들을 읽고 주변의 경험을 경청하며 오랜 시간 함께 할 수 있을지 고민해보아야 할 것이다.

내 강아지가 건강하게 장수하길 바라는 것이 반려인들에겐 바람이다. 입양을 꿈꾸는 새로운 반려가족에게도 이것이 중요한 기준이 되길 바라며 강아지 입양 전에 알아두어야 할 필수적인 사항들을 소개한다.

내 강아지를 만나는 방법

강아지 입양은 가족을 들이는 일이니 다양한 경우를 생각하며 어떤 환경의 아이를 입양할지 결정하기를 바란다.

우리나라에서 강아지를 입양하는 방법은 다음과 같다.

1) 브리더나 애견숍을 통한 입양

강아지가 가장 귀여울 때라고 하면 보통 2개월 내외를 이야기한다. 그래서 애견숍이나 일부 동물병원에서 분양하고 있는 강아지들은 이제 겨우 한 달이 좀 지나거나 3개월령인 강아지들이 대부분이다.

그런데 강아지들은 최소 3개월은 모견으로부터 충분한 영양을 섭취하며 형제들 또는 모견에게 사회화에 대한 교육을 받아야 건강하고 좋은 습관을 갖게 된다.

이 시기의 사회화는 무척 중요하다. 핥고 깨물고 장난치면서 강하게 물면 아프다는 것을 배우거나 어느 것을 하지 말아야 하는지 교육받게 된다. 그리고 이 과정에서

안정감과 유대감을 배운다.

즉 이 3개월이 가장 중요한 것이다. 따라서 귀엽고 사랑스러운 모습을 선택기준으로 삼는 것도 중요하지만 강아지가 모견 및 형제들과 3개월 이상 살았는지를 꼭 체크했을 때 충분한 항체를 받은 건강한 강아지를 반려견으로 맞이할 확률이 높아질 것이다.

2) 가정견 입양

예전과는 달리 최근에는 대부분 중성화를 시키는 추세지만 피치 못할 사정이 생기거나 반려견의 2세를 보고 싶어 출산을 선택하는 반려인들이 있다. 그리고 많은 사람들이 이런 환경에서 사랑받고 자란 강아지를 가족으로 선호한다.

그런데 가끔 이런 사람들의 심리를 이용해 가정견이란 테두리 안에서 브리더로 활동하는 사람들도 있다. 이를 미리 확인해보고 정말 가정견으로 충분한 영양을 공급받으며 사회화 과정을 거쳤는지 확인해보길 권한다.

3) 유기견 입양

누군가에게 사랑받기 위해 입양되었다가 털이 너무 날린다던가 헛울음이 많다던가 깨무는 습관이나 배변 습관이 안 되어 집이 엉망이 된다든가 그외 다양한 이유로 파양되거나 버림받게 되는 개들이 많다.

  휴가를 즐기는 동안 돌봐줄 사람이 없거나 신경 쓰고 싶지 않아 버리는 사람들도 있다.

  그런데 이렇게 버림받은 개들은 절대적인 존경과 사랑을 보냈던 가족에게 버림받아 큰 상처를 받게 된다.

  그래서 사람들은 유기견이 키우기 힘들 거라고 생각하고 기피한다.

  하지만 사실 유기견들은 여전히 사람에 대한 애정을 가지고 가족과 행복해지고 싶어 한다. 아픈 기억이 있기에 좀 더 사람에게 애정을 쏟고 사랑받기 위해 노력한다. 따라서 교감하며 차근차근 예절교육을 시킨다면 세상 다시 없을 사랑스런 반려견이 될 것이다.

  어리고 귀여운 강아지들도 사랑스럽고 예쁘지만 더 많은 사랑을 줄 준비가 되어 있는 유기견 입양은 어떨까?

반려견 입양 전 마음의 준비

개들은 기본적으로 머리가 좋다. 그리고 학습하는 동물이다. 따라서 지금 내 강아지가 짖음이 많고 천방지축이라면 어딘가에서 예절교육에 실패하고 반려견의 페이스대로 따라가게 된 것이 아닌지 의심해봐야 한다.

가령 짖을 때마다 안아주며 달랜 것은 아닌지, 예쁘다고, 먹고 싶어하는 모습이 귀엽고 가엽다고 아무 때나 간식을 준 것은 아닌지, 그때그때 기분에 따라 예뻐하기도 하고 냉정하게 외면하는 등 기준 없이 감정대로 대한 것은 아닌지 등등 의심해볼 것은 많다.

세상에 나쁜 개는 없다.

대신 반려인이 일관된 기준을 가지고 반려견의 예절교육을 시킬 수 있는지 없는지에 따라 가족 모두 행복한 라이프를 즐길 수 있다.

서점이나 도서관에서 반려견 관련 도서들을 읽어보는 것도 도움이 될 것이다.

내 강아지 입양에 필요한 물품

강아지 입양 전에 먼저 최소한으로 갖추어야 할 물품들을 소개한다.

밥그릇

시중에 나와 있는 좋은 제품들이 많다. 대형견과 중형견, 소형견용이 따로 있으며 구강구조에 따라서 좀 더 넓은 그릇과 오목한 그릇 중 하나를 선택하면 된다. 플라스틱보다는 자기나 스테인레스를 권한다.

굳이 사지 않고 쓰지 않는 국그릇이나 밥그릇을 사용해도 된다.

물그릇

물그릇 역시 구강구조에 따라 먹기 편한 형태를 고르면 된다. 스테인레스나 자기로 된 물그릇을 구입해도 되고 쓰지 않는 그릇들을 사용해도 상관없다.

체온조절과 요로결석, 방광염 등을 관리하기 위해서는 내 강아지에게 맞는 물그릇이 중요하니 특히 신경 쓰도록 한다. 똑똑 떨어지거나 빨아 마시는 형태의 물 급수 방법은 급수가 중요한 개들에게 원활한 음수량을 보장하지 못하므로 피해야 한다.

강아지용 정수기도 있지만 자주 깨끗하게 씻어줘야 하는 것은 같으므로 하루 한번 깨끗하게 씻어주는 물그릇으로도 충분하다.

이동장

다양한 형태의 저가부터 고가까지 수많은 이동장과 이동가방이 있다. 내 강아지의 견종과 몸무게, 체고 등을 고려해서 꼼꼼하게 골라야 한다.

주로 병원이나 외출용으로 쓰이게 될 것이므로 통풍이 잘 되는지도 확인한다.

시제품부터 수제품까지 다양하다.

켄넬 또는 집

중형견 이상부터 특히 중요하다. 고양이가 영역동물이라고 알려져 있지만 사실 개들도 자기만의 영역이 중요하다. 때문에 켄넬이나 집은 반려견에게

안심할 수 있는 나만의 쉴 공간이자 예절교육 등에도 이용되는 품목이다.

화장실

배변문제는 내 강아지와의 삶에서 정말 중요한 부분을 차지하고 있다. 강아지를 입양하면 바로 배변 훈련부터 하게 되는데 강아지 화장실 역시 본격적인 반려견의 역사가 시작된 이후 수많은 경험들이 쌓여 기본형부터 다양한 기능을 첨가한 것까지 선택의 폭이 넓다.

기둥이 부착된 화장실이나 아주 넓은 배변판 등등이 있으니 입양할 강아지의 체형과 성격 등을 고려해 마련해야 한다.

그런데 화장실만으로 배변 훈련이 되는 것은 아니므로 꼭 배변 훈련을 소개한 책들이나 동영상 등을 보며 미리 기본 지식을 쌓아두어야 한다.

전용쿠션

사실 있으면 좋지만 굳이 없어도 된다. 대신 안 입는 두툼한 옷이나 이불을 간단하게 개조해서 써도 당신의 강아지는 좋아할 것이다.

가슴줄 또는 목줄

들로 산으로 뛰어 놀던 과거와는 달리 집에서 대부분의 시간을 보내는 반려견에게 산책은 운동과 스트레스를 해소할 수 있는 기회이다. 따라서 하루 1번 이상의 산책은 선택이 아니라 필수이다.

산책을 할 때는 목줄이나 가슴줄을 해서 반려인이 컨트롤할 수 있어야 한다. 갑자기 차가 튀어나오거나 시끄러운 오토바이 소리, 개를 무서워하는 사람들 등으로부터 통제를 해야 하기 때문이다. 그리고 이제는 산책 시 목줄은 필수이다.

목줄 또는 가슴줄은 반려견의 신체가 상처입지 않도록 재질과 넓이를 확인하고 고른다.

 내 강아지를 위한 사료

내 강아지의 건강을 위해 가장 많이 공부하고 신중하게 선택해야 하는 것이 사료이다.

보통 사람들은 잘 먹는 사료가 좋은 사료라고 말한다. 그리고 이 말은 사실이다. 그런데 반려동물에 대한 의학이 발달하면서 반려견의 수명이 늘어나게 되고 이 과정에서 과거에는 겪지 못했던 질병들을 발견하게 되었다.

질병에서 다시 한번 다룰 예정이지만 개들도 관절염, 치매, 백내장, 녹내장, 췌장염, 각종 암, 신부전증 등을 앓는다.

그리고 이런 질병들은 어린 시절부터 꾸준히 관리해준다면 조금은 늦추거나 예방이 가능하다. 이를 위해 가장 중요한 것이 사료이다.

싸면서 좋은 사료라면 금상첨화지만 그런 사료를 찾기는 힘들다. 그렇다고 유기농 사료가 답이 되는 것도 아니다.

사료에 대해서는 기준을 정해 고르는 것이 좋다. 어떤 성분을 우선할 것인지, 어떤 성분을 피할 것인지를 정하고 그에 맞춰 꼼꼼하게 확인하면 된다.

반려견의 역사가 긴 만큼 사료도 함께 발전해왔다. 멜라닌 파동을 겪고

특정 성분 때문에 방광염과 결석에 걸려 사랑하는 내 강아지를 잃는 경험들도 있었다.

우리는 흔히 20대를 잘 관리하면 30대를 건강하게 보낼 수 있고, 30대를 잘 관리하면 40대가 편안하다고 한다. 개들 역시 조기에 관리하는 만큼 노견의 삶이 조금은 더 편해질 수 있다.

그렇다면 내 강아지를 오래 살게 해줄 사료의 선택기준은 무엇일까?

1) 사료의 원료가 정확하게 표기되어 있는지 살핀다

재료들이 많이 포함된 순서대로 표기되어 있으며 닭고기, 오리고기 등 원재료가 무엇인지 알 수 있는 것과 가금류 등으로 뭉뚱그려 표시한 것은 큰 차이가 있다. 또 원재료가 표기되어 있다고 해도 아주 소량의 재료는 표기되지 않을 수 있다는 것도 기억해두자.

몸무게에 따른 급여량을 표시하고 있다.

미니 인도어 시니어는 사료 알갱이의 크기, 주성분, 급여할 나이대를 알려준다.

등록성분과 주원료, 유통기한, 고객상담실을 꼭 확인하자.

2) 종합영양식 표시가 되어 있는가!

사료는 주식이다. 그렇다면 꼭 종합영양식이어야 한다. 강아지 사료라고 해서 모두 종합영양식인 것은 아니다. 어떤 것은 간식의 용도인 것도 있다.

3) 의문이 생겼을 때 질문을 할 수 있는 전화번호나 사이트가 있는가

수입사료라고 해도 질문은 할 수 있다. 내 반려견의 유전병 때문에 사료를 구입하면서 필요한 성분표시가 불분명해 한국 지사와 본사에 연락해 확인한 경험이 있기 때문에 이런 부분은 정말 중요하다. 특히 질병에 따라 칼슘이나 단백질, 지방, 인 함량 등을 꼭 체크해야 하기 때문에 연락처는 필요하다. 그리고 연락처도 없는 사료회사라면 무턱대고 믿을 수는 없다.

4) 유통기한은 어떻게 되는가

유통기한은 이 정도까지는 안전선이라고 알려주는 것이지만 강아지 사료는 한번 사면 보통 보름에서 한달은 먹이는 것이므로 우리가 지키는 유통기한보다 더 철저해야 한다. 건사료라고는 하지만 아예 습기가 없는 것은 아니다. 따라서 보관하는 장소, 방법, 유통기한 모두 철저하게 관리하고 주의해야 할 것이다.

사료는 구강구조와 연령, 피부에 따라 다양하다. 가장 기본적인 분류는 건사료와 습식사료, 간식으로 나눌 수 있다.

연령별 사료 분류

0~3개월 까지	1살 전	1~7살	7살 이후
베이비용	주니어용	어덜트용	노령견용

나이로 분류한 사료를 좀 더 세분화시키면 견종에 따른 사료로 분리할 수 있다. 분류하는 기준은 견종의 체형과 성격 구강구조에 따른 것이다.

푸들, 비숑 프리제, 요크셔테리어, 닥스훈트 등 견종명이 들어간 사료도 있을 정도로 세분화되어 있으니 선택하면 된다.

여기에 치아 관리가 목적인 덴탈 케어용이나 알러지케어용, 결석을 예방하기 위한 유리나리 등등 건강 관리를 중심으로 한 사료도 출시되어 있으니 목적에 맞게 선택하면 된다.

질병 관리에 따른 처방식 사료는 수의사와의 상의하에 선택해야 하므로 이 책에서는 소개하지 않는다.

습식사료는 건사료보다 기호성이 높기 때문에 반려견들이 행복해하는 사료이다. 하지만 제대로 양치해주지 않으면 치주염 등 치과 질환으로 고생할 수 있으며 건사료를 안 먹을 수도 있으니 약을 먹여야 한다든지 간식 대용으로 급여하는 것도 방법이다.

　초기부터 내 강아지의 식습관을 잘 관리하면 약을 먹여야 하는 상황이나 기타 상황에서 좀 더 수월하게 돌 볼 수 있다. 따라서 반려견의 애교와 간청에 못 이겨 간식을 생활화하기보다는 다양한 사료를 즐길 수 있도록 해주면 건강하고 맛있는 식생활을 이룰 수 있을 것이다.

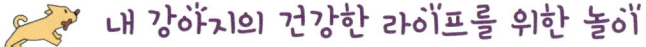
내 강아지의 건강한 라이프를 위한 놀이

'손, 앉아, 일어나, 굴러'는 반려견을 키우는 사람이라면 누구나 기본적으로 해보는 훈련이다. 그런데 사실 개들은 우리가 생각하는 것보다 더 영리하다. 평생 하게 되는 놀이가 이 4가지만이라면 너무 단조롭고 밋밋하지 않은가. 따라서 다양한 놀이방법을 가르쳐주면 더 흥미롭고 행복한 생활을 하는 데 크게 도움이 된다.

교육시키기 좋은 퍼피 시절을 신나게 보낼 놀이방법을 소개한 《강아지와 함께 하는 행복한 놀이 방법》과 이미 성견이 되었다고 해도 여전히 호기심 많은 개들을 위한 《내 강아지 스트레스 없이 행복한 75가지 놀이 방법》이 있으니 한 번 살펴보길 바란다.

야바위놀이, 안녕하세요 인사하기, 귓속말하기, 산책하기 등을 비롯해 어질리티의 기본 단계까지 내 시간과 관심만 투자한다면 얼마든지 가능한 놀이를 초급부터 고급까지 소개했으니 적극 활용해볼 수 있을 것이다.

그중 특별한 도구없이 해볼 수 있는 놀이 2가지를 소개해본다.

• 가져와 《강아지와 함께 하는 행복한 놀이 방법》 중에서

1 바닥에 무릎을 꿇고 앉아 강아지의 흥미가 강화되도록 장난감을 흔든다.

3 강아지가 장난감에 다가가 입으로 물면 칭찬의 말로 부르면서 쾌활하게 반응한다.

2 너무 아슬아슬하거나 서두르는 것은 아닌지 확인하면서 장난감을 가까운 곳에 던지거나 굴린다. 강아지는 쉽게 산만해지는 경향이 있기 때문에 장난감을 멀리 던져놓고 달려가 가져오기를 기대해봐야 당신의 열광적인 응원도 소용없을 것이다.

• 강아지가 다가오는 동안 위협적으로 느껴지지 않는 바디랭귀지를 익혀둔다. 강아지가 겁을 먹는다면 눈을 똑바로 쳐다보지 말고 다가왔을 때는 고개를 살짝 돌리고 손을 앞으로 뻗지 않도록 한다. 강아지가 올 때까지 칭찬과 유도를 아끼지 않는다.

강아지가 물고 있던 것을 놓으면 '내려놔. 잘 했어'라고 음성신호를 말한다.

4 장난감을 낚아채고 싶은 유혹을 참는다. 당신에게 장난감을 가져다주는 것은 즐겁다는 인식을 심어줄 수 있도록 먼저 강아지를 칭찬하고 쓰다듬어준다. 장난감을 놔주기를 기다렸다가 한 손으로 받으면서 다른 손으로 간식을 내준다.

- **점프하기** 《내 강아지 스트레스 없이 행복한 75가지 놀이 방법》 중에서

뛰어넘기

1. 장대는 바닥에 내려놓은 상태에서 시작한다. 반려견이 장대에 다가갈 수 있는 공간을 만들어주고 바닥 표면이 점프와 착지에 적합한지도 확인한다.

> **Tip**
> 책이나 의자로 장대를 받쳐두면 손이 자유로워서 더 쉽게 훈련시킬 수 있다. 안전을 위해서 장대는 반려견이 부딪치더라도 쉽게 떨어질 수 있는 것으로 해야 한다.

2. 반려견이 이 새로운 도구 주변을 편하게 여기는지 확인하기 위해 장대 위를 넘도록 유도한다. 일단 반려견이 장대를 넘으려 하면 바닥에서 천천히 장대를 들어올려 2~3cm 정도 위치에서 잡거나 바닥에 그대로 둔다. 반려견이 장대를 넘어오면 칭찬해준다. 반려견이 편하게 느끼는 높이까지 진행한 후 이 높이에서 '점프'를 반복한다. 그러면 반려견은 '점프'나 '넘어'라는 명령어에 따라 뛰어넘을 것이다. 반려견이 점프에 성공할 때마다 보상한다.

3. 반려견에게 자신감이 붙은 것 같다면 장대를 조금씩 올려도 된다. 장대를 얼마나 올릴 수 있는지는 반려견의 크기나 건강에 따라 다르다. 어느 높이까지 뛸 수 있는지 세심하게 살펴보자.

내 강아지의 건강을 위한 일상관리

　빗질을 하고 이빨을 닦고 발톱을 자르는 일상관리는 가장 기본적인 것이며 또한 아주 중요한 부분이다. 그래서 기본 도구와 간단한 관리방법을 소개하고자 한다.

일상 관리를 위한 도구들

빗질	돼지털브러시
	슬리커브러시
	가위
	빗
발톱깎이	발톱깎이(길로틴 타입)
	발톱깎이(니퍼 타입)
	손질도구
귀청소	세정액
	면수건

눈 주변 케어	세면기에 물
	거즈나 면
양치질	애견용 치약
	애견용 칫솔
패드 케어	세면기에 따뜻한 물
	수건
샴푸	애견용 샴푸
	바스타월

발톱 깎기

발톱 속에는 혈관과 신경이 있기 때문에 조심해서 잘라야 한다. 발톱을 살펴보면 투명하게 보이는 부분이 있을 것이다. 그 부분의 끝만 살짝 자르며 겁을 먹지 않도록 해야 한다. 또한 발톱 깎기도 한번에 모두 다 할 생각보다 내 강아지의 기분을 살피며 진행해야 한다.

만약 싫어한다면 다음과 같은 방법을 쓴다.

발톱을 하나 깎은 후 맛있는 간식(작은 걸로)을 하나 준 후 괜찮으면 두 번째 것을 깎는다. 그리고 다시 맛있는 사료 두어 알이나 작은 간식 한 개를 준다.

이런 식으로 하루 동안 깎아도 좋고 많이 싫어한다면 하루 하나씩 깎아나가도 된다. 계속 발톱 하나에 간식 하나를 주면서 발톱을 깎으며 맛있는 보상이 온다는 것을 각인시킨다. 이 과정을 반복하면 발톱 깎는 것 자체에 대한 거부감은 없어질 것이다.

빗질

빗질은 피모의 아름다움을 위해서만이 아니라 계절털을 제거해줌으로써 다음 계절을 건강하게 보낼 수 있는 준비와 깨끗한 피부 유지에 도움이 된다.

장모종은 최소 2일에 1번, 단모종은 주1회 이상 필수적으로 해줘야 하며 배 등 민감한 부분은 안아서 부드럽게 빗질해주면 된다.

빗의 종류가 4가지인 만큼 개의 모질 상태에 따라 사용한다. 더블코트인 종은 모질 상태에 따라 4가지 빗을 모두 사용해야 할 수도 있다.

빗질을 하면서 멍울은 없는지, 비듬은 없는지, 탈모처럼 털이 빠지지는 않는지 등을 체크한다.

귀청소

귀청소는 강아지에게는 아주 중요하다. 특히 늘어진 귀나 귀털이 긴 개는 세심하게 관리해줘야 한다. 귓속은 상재균의 서식지이므로 세정제를 이용해서 닦아내는 방법으로 관리한다.

세정제를 귓속에 넣어 접힌 부분을 살짝 문지른 후 놓아준다. 그럼 개는 머리를 흔들 것이다. 이를 통해 귓속의 오염물이 흘러나오게 되는데 그것을 거즈 등으로 부드럽게 닦아주면 된다.

눈 주변 케어

눈 주변 케어는 감염증이나 각막 손상을 예방하는 데 도움이 된다. 눈 주변 케어를 위해서는 평소에 가볍게 눈을 만져주면서 익숙해지도록 해 케어 시 겁을 내지 않도록 해야 한다.

눈 주변 케어를 위한 세정제도 있지만 전용 거즈나 전용 면을 사용해도 된다.

눈 주변을 닦을 때는 눈 앞쪽에서 눈꼬리 쪽으로 부드럽게 닦는다. 오염물이 있다면 위에서 아래로 닦아낸다.

양치질

양치질은 건강을 위해 필수적인 요소이다. 이빨이나 잇몸이 아프면 개는 좋아하는 사료를 먹을 수 없어 체력 저하가 오면서 급격히 건강이 나빠진다.

양치질을 시작 전에 먼저 치약맛에 익숙해질 시간을 준다. 보통 강아지 전용 치약은 삼켜도 되는 성분들이므로 맛을 보게 한다. 익숙해지면 손가락에 치약을 묻혀 이빨을 마사지하듯 가볍게 만져준다.

이것에도 익숙해지면 전용칫솔로 송곳니부터 부드럽게 닦아준다. 이 단계까지 진행했다면 앞니를 닦고 이 또한 익숙해지면 어금니도 도전해본다. 양치질을 할 때는 인내심을 가지고 시간을 충분히 들여 거부감을 갖지 않도록 해야 한다.

목욕

애견미용실을 이용해도 되지만 산책 후나 다른 이유로 집에서 목욕시켜야 할 때도 있다. 이때 가장 중요한 것은 강아지가 스트레스 없이 목욕을 즐길 수 있도록 도와야 한다는 것이다. 목욕 시키는 동안 항문낭을 짜주고, 진드기나 벼룩은 없는지 피부는 건강한지 살펴보는 것을 잊지 말자.

이를 위한 간단한 방법을 소개하면 다음과 같다.

1. 미리 살짝 따뜻한 물을 받아 강아지 전용샴푸로 거품을 내둔다.
2. 샤워기의 물세기와 온도를 조절한 후 몸에 가깝게 샤워기 헤드를 대고 전체적으로 부드럽게 물로 적신다.
3. 물에 젖은 몸에 미리 거품을 낸 샴푸로 골고루 마사지하듯 손가락으로 씻어준다(손톱으로 긁지 않도록 조심한다)
4. 물로 구석구석 발가락 사이까지 샴푸를 잘 씻어낸다.
5. 머리부터 몸 순서로 재빨리 수건으로 닦아준다. 여러 장의 수건을 준비해 물기가 거의 제거될 때까지 부드럽게 닦아준다.
6. 드라이기를 사용해야 한다면 여름에는 냉풍 겨울에는 살짝 온도를 올려 거리를 좀 두고 말려준다. 개들은 피부가 약하므로 온풍은 사용하지 않는다.

강아지 질병과 예방 그리고 동물병원

과거와는 달리 개의 수명이 15년 전후로 늘어나면서 풍족해진 식생활과 생활 환경의 영향, 수명 증가로 알지 못했던 질병이나 신체적 문제들이 나타나고 있다.

이를 예방하기 위해 정기검진과 예방 접종을 하지만 그럼에도 불구하고 질병의 발생을 막을 수는 없다. 질병에 걸린 반려견을 집에서 치료할 수는 없기 때문에 좋은 동물병원을 알아두는 것은 매우 중요하다.

이 책에서는 조기발견이 매우 중요하기 때문에 질병에 대해 간단하게 설명하고자 한다.

평소 내 강아지의 생활 습관, 식사 습관, 몸 상태, 배변 습관, 몸무게를 기록하는 것을 생활화하자. 이상징후를 발견했을 때 이는 매우 중요한 단서를 제공할 수도 있다.

좋은 수의사만큼 중요한 것이 일상생활 속 관찰이다. 이를 위해 우리가 기본적으로 알아두어야 할 질병은 다음과 같다.

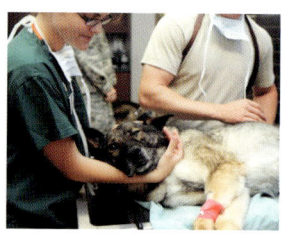

귀질환

귓속 관리가 개들에게는 무척 중요하다. 귓속은 균의 소굴이라고 봐도 무방하다. 따라서 면역력이 약해진 개들은 감염증에 걸리기 쉬우므로 항상 관리해줘야 한다.

다음과 같은 증상이 있다면 병원검사를 해보도록 한다.

- 귀 냄새가 심하고 귀지가 증가했다.
- 귓속이 빨갛거나 부어 있다.

뇌, 신경 질환

반려견이 장수하면서 관찰되는 질병이다. 치매, 전정장애 등이 발견되며 신경세포의 쇠약, 불안, 스트레스가 원인 중 하나이다.

- 똑바로 걷지 못한다.
- 훈련 내용을 잊어버린다.
- 항상 하던 습관을 잊어버렸다.
- 시도때도 없이 배고픔을 호소한다.

마음의 병

같은 행동을 여러 번 반복하는 상동증, 반려인과 떨어지면 헛울음을 울거나 아무 곳에나 배변을 하거나 과한 행동을 하거나 분리불안 등이 있다. 새로운 환경이나 무서운 경험, 스트레스성 경험이 주는 괴로움에서 기인할 수 있다.

현재는 개의 행동을 이해하고 마음을 담아 애정으로 대하는 것 외엔 특별한 방법이 없다.

- 감정이 불안정하다.

비뇨기 질환

신장, 요관, 방광, 요도 등에서 노폐물을 제대로 제거하지 못하고 쌓이면서 나타나는 질병이다. 어딘가 이상한 것을 알아차렸을 때는 이미 병의 진행이 오래된 상태일 가능성이 높기 때문에 배변 그중에서도 오줌 체크가 중요하다.

다음과 같은 증상이 있다면 병원검사를 해보도록 한다.

- 소변양이 증가하거나 소변을 보는 횟수가 많아졌다.
- 화장실을 들락거리지만 소변을 보지 못한다.

- 참지 못하고 찔끔찔끔 여기저기 소변을 지린다.

뼈, 관절 질환

유전적인 몸의 변형이나 비만 등에 의해 걸리기도 하지만 뼈나 관절, 인대가 쇠약해져 걸릴 수도 있다. 예방법은 꾸준하고 적당한 운동과 균형 잡힌 영양의 공급이다.

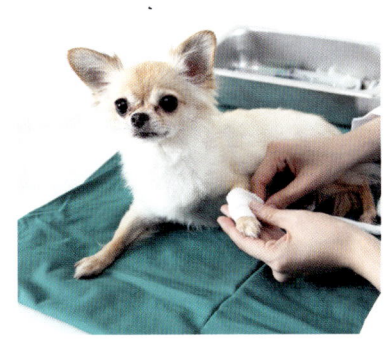

다음과 같은 증상이 있다면 바로 병원에 가서 검사한다.

- 만지는 것을 싫어 한다.
- 예전과는 달리 잘 움직이지 않는다.
- 일어서거나 앉을 때 자꾸 꾸물거린다.
- 걷는 걸음이 느려지고 미묘하게 달라졌다.

소화기 질환

식도, 위, 대장, 췌장, 간장, 담낭 등의 소화기가 영양소를 제대로 분해하지 못하고 독소가 차면서 온몸에 악영향을 끼치게 된다. 이를 조기발견하기 위해서는 항상 배변 상태를 살펴보는 것이 중요하다.

다음과 같은 증상이 있다면 병원검사를 해보도록 한다.
- 설사와 구토
- 식욕이 없다.
- 오렌지색 소변을 본다.
- 배가 붓는다.

순환기 질환

심장 쇠약, 기관이나 혈관의 탄력저하 등이 원인이다. 이를 조기발견하기 위해서는 평소에 운동 후 강아지의 호흡을 항상 체크하는 것이 좋다. 예전과는 달리 바로 숨이 차거나 호흡이 빨라진다면 한번 체크해보자.

다음과 같은 증상이 있다면 병원검사를 해보도록 한다.
- 호흡이 빠르고 자주 기침한다.
- 쉽게 숨이 차며 더 이상 운동을 하려고 하지 않는다.

생식기 질환

전립선비대증, 자궁축농증 등이 있는데 변비

가 심하거나 물 마시는 양이 비정상적으로 증가했다면 생식기 질환을 의심해봐야 한다. 호르몬균형이 무너져서 나타나는 현상으로, 7개월령 이후에 중성화수술을 해준다면 걸리지 않을 확률이 높은 질병이므로 중성화수술을 고려해보도록 한다.

다음과 같은 증상이 있다면 병원검사를 해보도록 한다.
- 배변과 소변을 볼 때 아파한다.
- 소변양이 증가한다.
- 대변이 가늘어졌다.
- 배가 붓는다.

안질환

발견 확률이 늦을 확률이 가장 큰 것이 안질환이다. 보통은 먼지나 털에 의해 각막이 손상될 가능성이 가장 높지만 영양소 감소나 대사 저하로 트러블 발생, 다른 질병에 의한 발병 등 원인은 다양하다. 특히 노견은 백내장과 녹내장을 조심해야 한다.

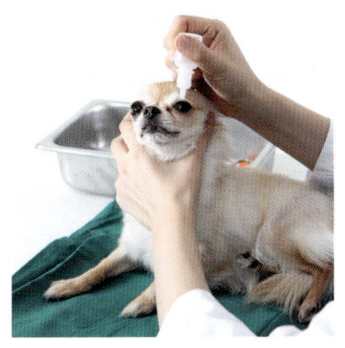

다음과 같은 증상이 있다면 바로 병원에 가도록 한다.

- 어딘가에 자꾸 부딪친다.
- 검은자 부분이 맑지 않고 뿌옇게 탁하다.
- 하얀 눈곱이 많이 낀다.

알레르기

음식물 알레르기가 많은데 식기나 꽃가루 알레르기도 있다. 가려움증, 재채기, 탈모 등 증상은 다양하며 알레르겐 의심물질을 찾아내야 한다.

다음과 같은 증상이 있다면 병원검사를 해보도록 한다.
- 피부 발진
- 털이 빠지고 재채기를 한다.
- 눈물과 콧물이 계속 나오며 피부 발진이 나타난다.

암(악성종양)

인간의 몸에 발병하는 모든 종양이 개들에게도 발병할 수 있다고 보면 된다. 피부암부터 위암, 대장암, 혈액암, 뼈암 등등 모든 부위에 생기고 전이될 수 있으며 이를 조기 발견하기 위해서는 정기적인 건강검진이 꼭 필요하다.

다음과 같은 증상이 있다면 병원검사를 해보도록 한다.
- 설사, 혈변, 혈뇨를 계속 본다.
- 멍울이 생긴다.
- 식욕이 없다.
- 숨이 거칠다.

이빨, 구강 질환

간식을 좋아하고 특히 습식이나 캔을 많이 먹는 반려견은 치주질환을 조심해야 한다. 무언가를 먹은 후에 제대로 양치를 해줄 수 있으면 좋지만 그렇지 못한 경우가 많기 때문에 건사료 중에는 덴탈 케어 제품이 있을 정도다. 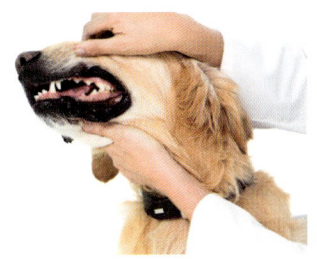 노견은 80% 정도가 치주염을 앓고 있으며 스케일링으로 잠시 치료는 가능하지만 심해지면 전발치를 해야 할 수도 있다.

다음과 같은 증상이 있다면 병원검사를 해보도록 한다.
- 구취가 심하다.
- 이빨이 흔들리거나 빠진다.
- 밥 먹는 시간이 길어지거나 예전과는 달리 밥을 먹을 때 머리를 흔든다.
- 딱딱한 것은 먹지 않으려고 한다.

피부 질환

기생충이나 호르몬 질병이 원인이며 면역력이 저하되면 피부에 이상이 생길 확률이 높아진다. 이를 예방하기 위해서는 평소에 제대로 된 방법으로 목욕을 시키고 빗질을 게을리하지 않으며 벼룩, 진드기 예방약을 꾸준히 발라준다.

다음과 같은 증상이 있다면 의심해보도록 한다.
 - 털이 빠진다.
 - 가려워하며 비듬도 생긴다.
 - 피부색이 갈색이나 검은색으로 변색된다.
 - 피부에서 고름이나 진물이 보인다.

호르몬 질환

체온 유지부터 감정 컨트롤, 혈액의 농도나 혈당치를 조절하는 호르몬에 이상이 생기면 갑상선기능저하증, 부신피질기능항진증, 당뇨병, 상피소체기능항진증 등이 발병할 수 있다. 따라서 다음과 같은 증상이 보이면 빨리 병원에 가보도록 한다.

 - 살이 이상할 정도로 갑자기 많이

졌다.
- 감정이 불안정하다.
- 털이 빠진다.
- 물을 많이 마신다.

우리가 사랑하는 강아지

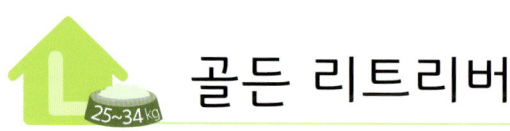

골든 리트리버

Golden Retriever

어른이 되는 순간 신사견으로

2세 전에는 개구쟁이에 장난도 많고 응석도 심하지만 2세가 넘으면 훌륭한 반려견이 된다. 다정하고 사람을 너무 좋아해 훈련견에는 적합하지 않다. 무분별하게 번식시키면서 고관절형성부전이 유전되는 경우가 많으며 피부 질환과 백내장, 안검내반증과 같은 질병에 취약하다.

하루 2번씩 각각 60분의 운동량을 필요로 하며 유전병에 대한 대책으로는 정기 건강검진과 적절한 운동이 필수적이다.

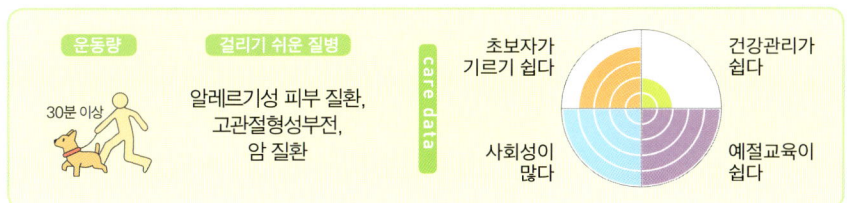

그레이하운드

Greyhound

치타를 꿈꾸는 스피드견

 시속 약 80km로 질주하는 스피드견 그레이하운드는 도그레이스에서 친숙하게 볼 수 있는 견종이다. 빠른 속도를 자랑하는 만큼 야생토끼 등을 사냥할 때의 동반자로 호기심과 대담함을 갖춘 충성심 강한 반려견이다. 하지만 제대로 된 훈련을 받지 못한다면 말썽을 피울 수도 있으며 초보자가 손내밀기에는 조심스럽다. 그레이하운드의 특성상 가볍게 걷는 산책보다는 반려견이 자유롭게 뛸 수 있는 공간에서 한 시간 이상 달릴 수 있도록 해주는 것이 좋다.

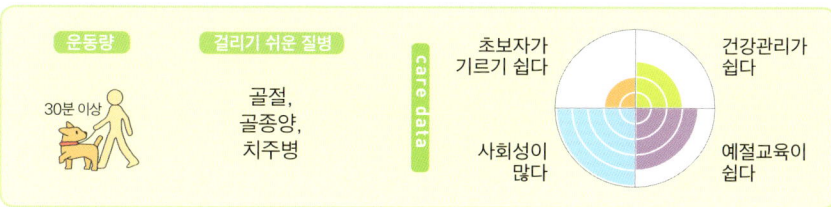

# 닥스훈트 *Dachshund*

동장단족이 주는 귀여움이 무기

모질에 따라 스무스, 롱 헤어, 와이어 타입으로 나뉘는 닥스훈트는 동장단족의 외모가 귀여움을 극대화시켜주는 견종이다. 스무스 타입은 명랑활발하고 친화적이며, 롱 헤어는 응석부리는 것을 좋아하는 애교쟁이 장인이다. 와이어는 닥스훈트 중 가장 개구쟁이에 호기심이 많은 견종이다. 동장단족의 외모는 귀여움을 선물한 대신 추간판 질환과 다리관절 형성부전, 안질환 등의 질병에 취약하다.

추간판 헤르니아가 심해지면 하반신 마비가 올 수도 있기 때문에 적정한 몸무게를 유지할 수 있도록 건강에 유의해야 한다.

롱헤어 타입

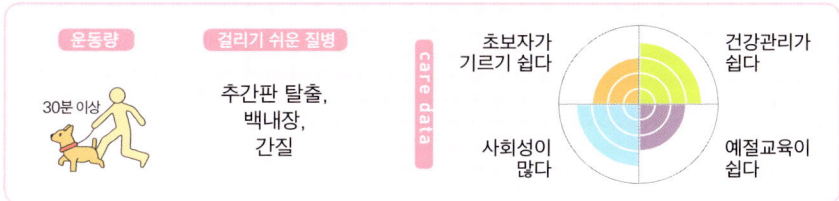

강아지

롱헤어 타입

스무스 타입

스무스 타입

와이어 타입

달마시안

Dalmatian

같은 점을 가진 달마시안은 없다!

지칠 줄 모르는 에너지의 소유자인 달마시안은 호기심과 활발함이 특징이다. 그만큼 많은 운동량이 필요하고 컨트롤과 커뮤니케이션이 확실하지 않으면 제멋대로 응석을 부리기 때문에 훈련이 필요하다. 가족에게는 어리광쟁이에 상냥하지만 낯선 이는 무시하며 짧은 털에도 불구하고 추위에도 강해 매일 운동을 시켜주어야 한다. 넓은 공간에서 마음껏 뛰놀게 하거나 가능하다면 반려인이 자전거를 타고 달마시안과 달리는 것도 좋다.

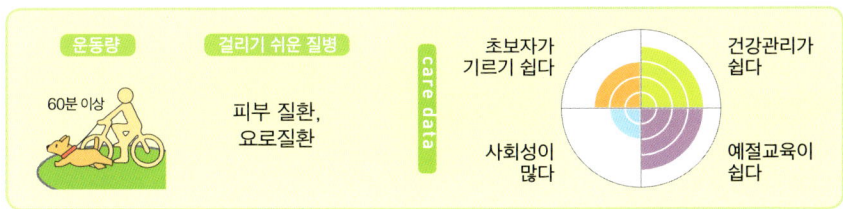

도베르만

Dobermann

강한 외모 속 온순한 응석받이 견

겉으로 보여지는 강렬한 인상과는 달리 온순하고 영리한 응석받이 견종이다.

털빠짐이 적고 체취도 많지 않아 실내견으로 적합하며 애정을 쏟은 훈련에 잘 따라오지만 제대로 훈련되지 않으면 공격적인 면이 보이는 난폭꾼이 될 수 있으니 초보자에겐 적합하지 않으며 확실한 훈련을 필요로 하는 견종이다. 따라서 예절교육은 필수이다.

한국에서는 단미와 단이가 아직 이루어지고 있지만 동물보호에 대한 개념이 바뀌면서 유럽에서는 금지되었다. 긴 꼬리와 늘어진 귀는 인상을 한층 부드럽게 보이도록 해준다.

자연 그대로의 버튼 귀 도베르만

단이해서 귀를 세운 직립 귀 도베르만

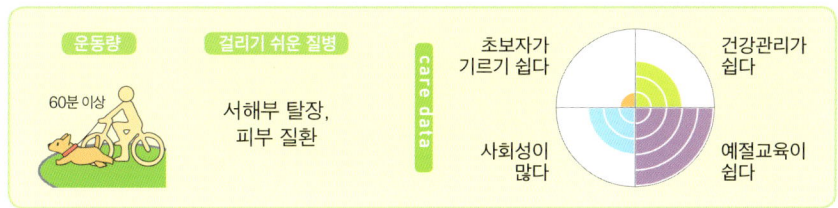

래브라도 리트리버
Labrador Retriever

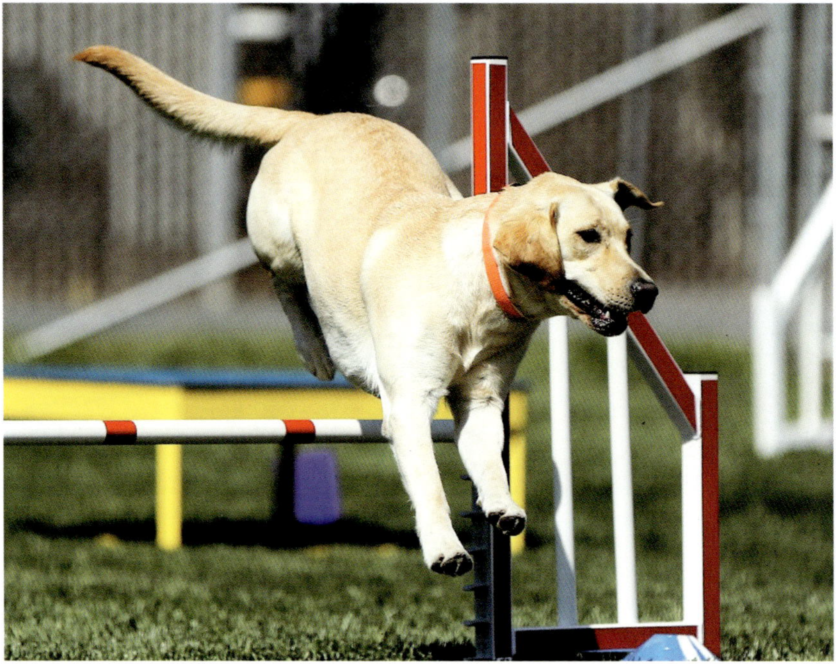

영리하고 사려심 많은 봉사견

애정 넘치는 훌륭한 반려견으로 손꼽힐 정도로 래브라도 리트리버는 만 2살만 극복하면 온화하고 사려 깊은 모습을 보여준다. 헌신적이고 안정적인 성격은 맹도견으로 유명하게 했으며 영리하기 때문에 청도견, 간호견, 경찰견, 군견으로도 맹활약하고 있다. 이처럼 멋진 인간의 파트너지만 2살 전에는 세상 없는 호기심과 열정을 보여주기 때문에 강아지 시절에는 각오를 하는 것이 좋다. 대형견이고 인내심이 강한 성격 때문에 고관절형성부전, 관절 질환, 안질환, 갑상선 기능장애 등의 질병이 발생할 수 있으므로 정기 검진을 잊지 말고 꼭 해주는 것이 좋다.

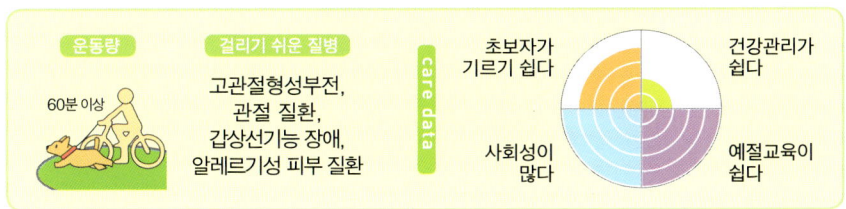

래브라도 리트리버

로트와일러

Rottweiler

경찰견, 화재구조견으로도 훌륭히 임무 수행!

경찰견이나 화재구조견으로 맹활약 중인 로트와일러는 무서운 얼굴을 하고 있지만 사실 다정하고 조용한 성격에 반려인에게는 극진한 견종이다. 영화나 cf에서 훌륭하게 연기견으로 활동할 정도로 영리하고 상황 판단력이 좋지만 사실 훈련을 즐기지는 않는, 초보자에겐 적합하지 않은 종이다. 유럽에서는 현재 단미를 하지 않고 있다.

대형견에 몸무게가 나가는 편이기 때문에 관절 질환에 취약하다.

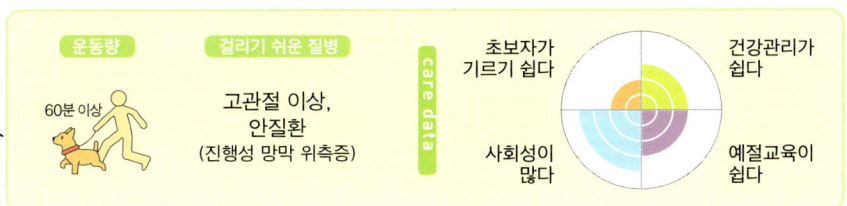

알래스칸 말라뮤트 Alaskan Malamute

34~38 kg

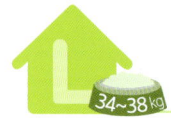

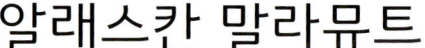

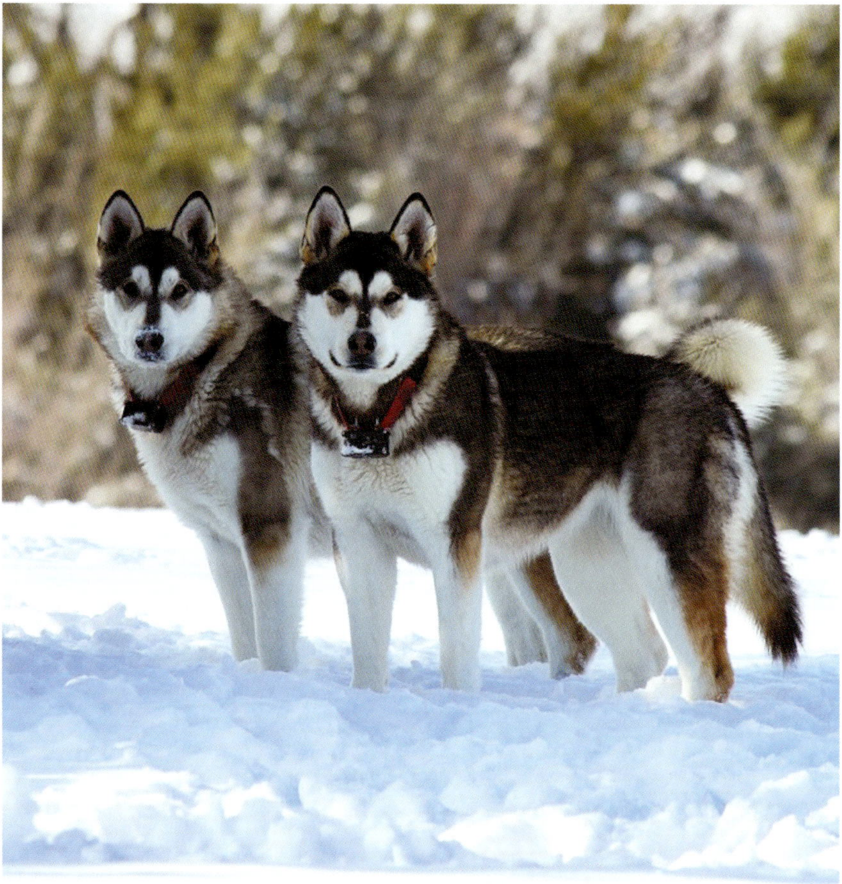

썰매견 출신의 사회성 강한 반려견

늑대와 비슷한 외모를 가지고 있어 늑대개라고도 불리는 말라뮤트는 같은 지역 출신인 허스키보다 좀 더 조용하고 온순하다. 또한 가족에 대한 애정이 강하며 헌신적인 성격이고 합이 중요한 썰매견 출신답게 사회성과 협조성이 높다.

하지만 북극 출신인 만큼 겨울에 강하고 여름에 약하다. 때문에 여름을 버틸 수 있도록 피모 관리가 중요하다. 대형견에게 흔히 보이는 관절 질환을 조심해야 한다.

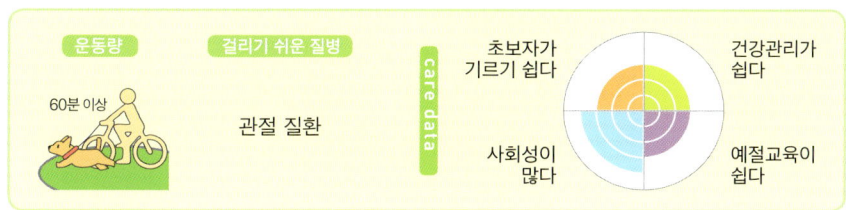

말티즈

Maltese

다정다감함이 매력인 순백의 반려견

사람을 매우 좋아하는 다정다감한 성격이지만 제대로 예절교육이 되지 않으면 공격적이고 많이 짖는다. 아름다운 순백의 털을 자랑하지만 쉽게 오염되기 때문에 눈물과 입 주변을 잘 닦아주는 것이 좋다.

실내 놀이만으로도 운동은 충분하지만 햇빛 좋은 날 가벼운 산책은 기분 전환이 될 것이다.

올바른 교육만 받는다면 화장실부터 스트레스까지 크게 걱정하지 않아도 될 정도로 반려견으로 훌륭한 견종이다. 소형 견종 중에서도 특히 작은 편이기 때문에 걸리기 쉬운 질병이 많은 만큼 관리를 잘 해줘야 한다.

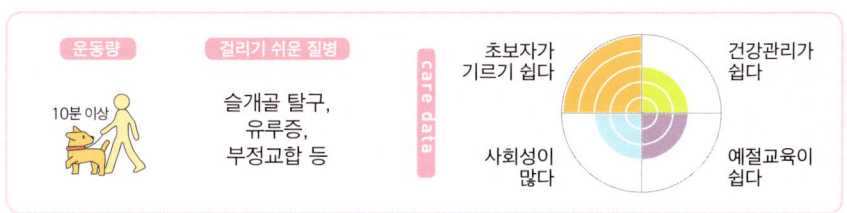

미니어처 닥스훈트
Miniature Dachshund

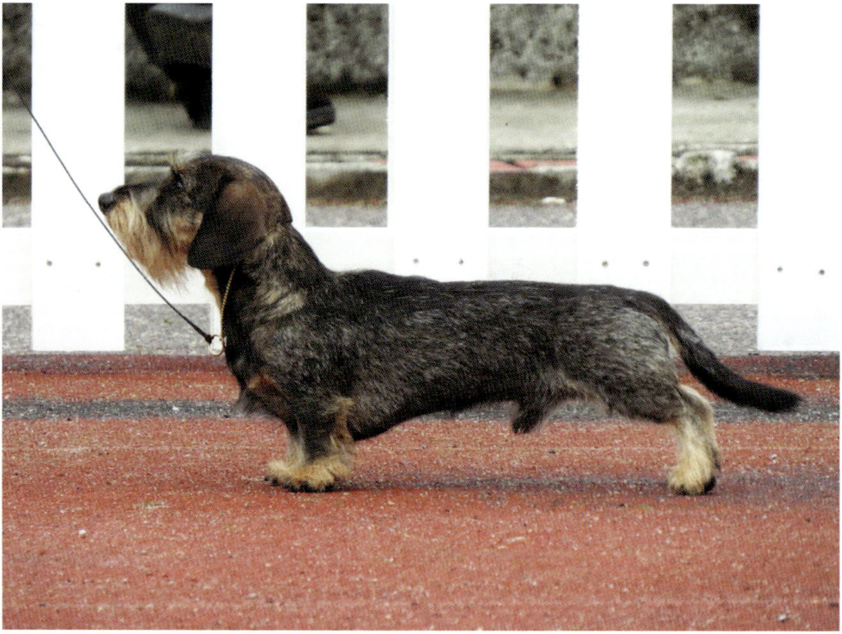

걷는 모습마저 귀여운 개구쟁이

수렵견인 닥스훈트를 토끼나 오소리와 같은 사냥감에 맞춰 더 소형화시킨 견종이 미니어처 닥스훈트이다. 그리고 쥐나 더 작은 사냥감을 위해 탄생한 닥스훈트는 커닝햄 닥스훈트이다. 스탠더드 닥스훈트가 작아진 것일 뿐 외모는 그대로이기 때문에 닥스훈트에게 유전되는 질병도 그대로 이어지고 있다. 따라서 닥스훈트는 모두 살이 너무 쪄도, 너무 빠져도 안 되며 피모가 다른 종류끼리 교배해서도 안 된다.

스무스

와이어

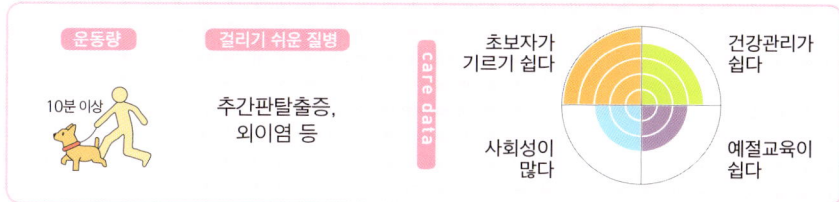

미니어처 슈나우저

Miniature Schnauzer

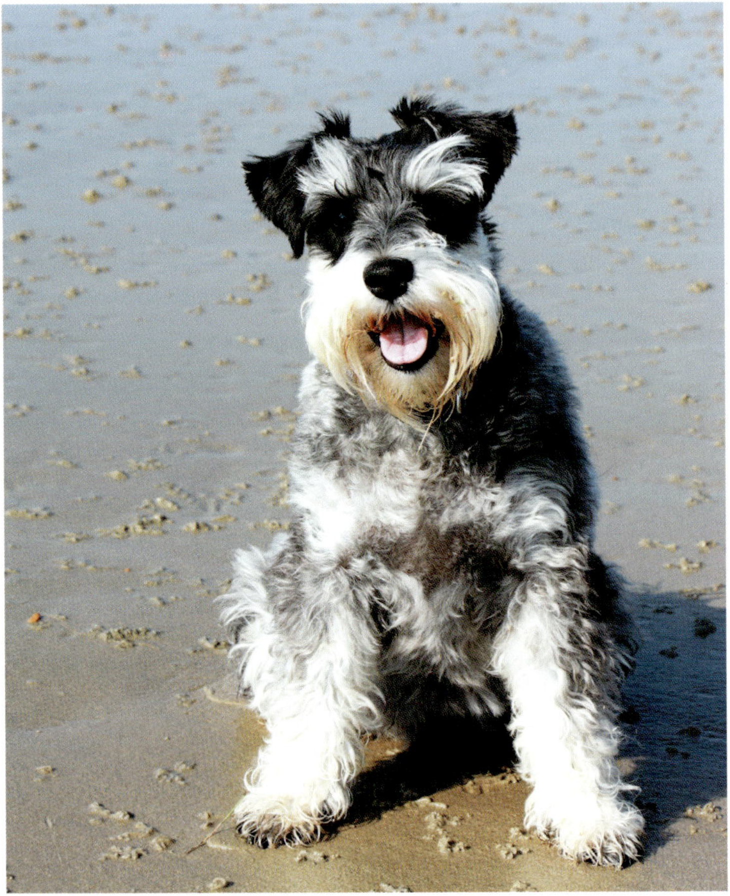

콧수염이 멋진 슈나우저

 독일어로 콧수염이란 뜻을 가진 미니어처 슈나우저는 스탠더드 슈나우저를 소형화한 만큼 그 기질을 고스란히 물려받았다. 다부진 체격에 콧수염을 어떻게 트리밍하는지에 따라 다양한 분위기를 자랑하는 호기심 많은 천진난만 견종이다. 규칙적인 산책과 충분한 커뮤니케이션이 이루어진다면 가족에게 무한한 애정을 쏟는 사랑스런 반려견의 모습을 만나게 될 것이다.

 고집도 있어 낯선 사람이 갑자기 만지거나 예의 없는 행동에는 바로 반응하므로 가볍게 다가가지 않도록 하는 것이 좋다.

미용한 상태

운동량

10분 이상

걸리기 쉬운 질병
피부 질환,
요로계 질환,
백내장,
정유고환 등

care data

초보자가 기르기 쉽다

건강관리가 쉽다

사회성이 많다

예절교육이 쉽다

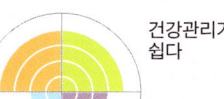

미니어처 핀셔

Miniature Pinscher

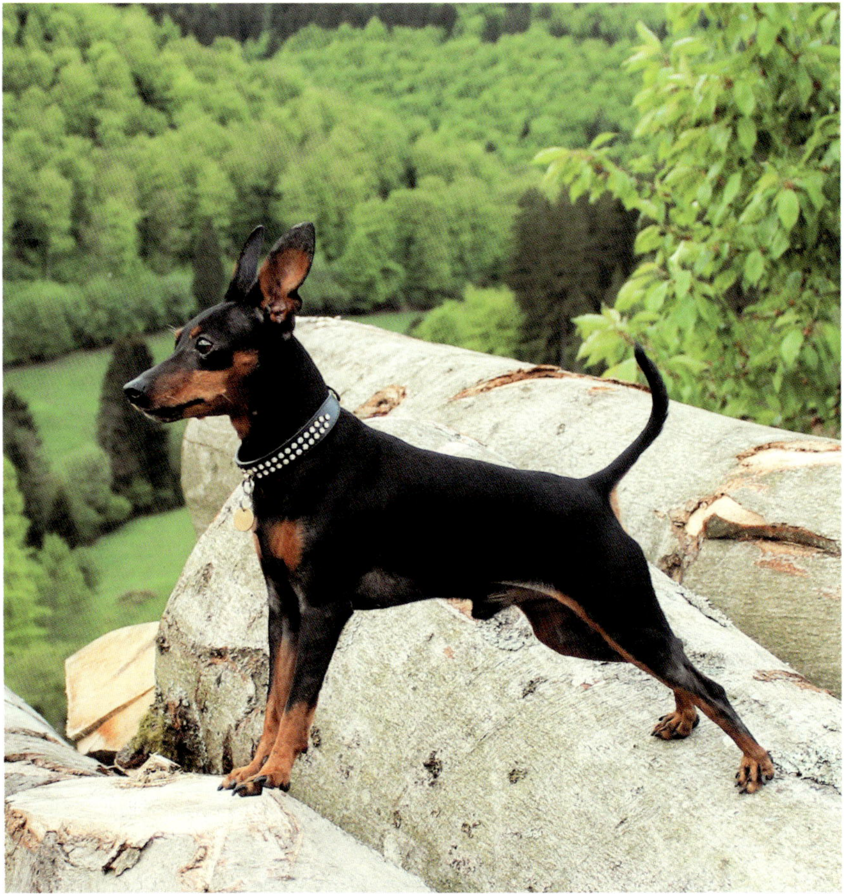

경쾌한 걸음걸이가 특징인 도베르만의 선배?!

도베르만의 미니어처처럼 보이는 미니어처 핀셔는 사실 도베르만보다 20년 정도 더 역사가 길다. 미니핀이라고도 불리며 활발한 성격에 고집도 있고 자존심도 높지만 명랑하고 애정 많은 성격이다. 또한 근육질의 몸을 가지고 있으며 경쾌한 걸음걸이가 특징이다.

하지만 너무 응석받이로 키우면 신경질적이고 헛울음이 많아질 수 있으니 엄격한 훈련을 시키되 영리한 견종의 특성을 살리는 놀이로 즐거움을 주어 스트레스를 줄여주자.

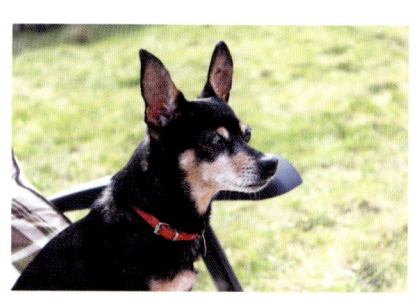

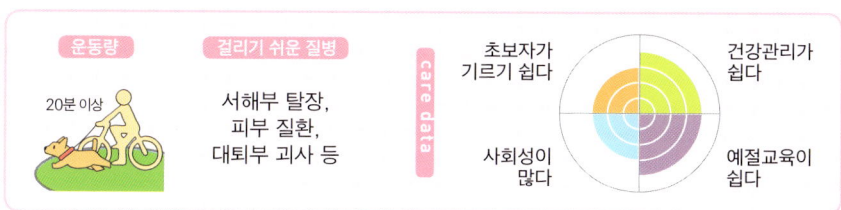

바셋 하운드

Basset Hound

허쉬파피로 알려진 매력둥이!

  키가 작다는 뜻을 가진 바셋 하운드는 주름진 피부와 느긋하고 침착한 마이페이스가 매력적인 견종이다.

  수렵견 출신임에도 돌아다니는 것을 좋아하지 않으며 비만이 되기 쉽기 때문에 아침저녁으로 30분 정도씩 산책시키는 것이 좋다.

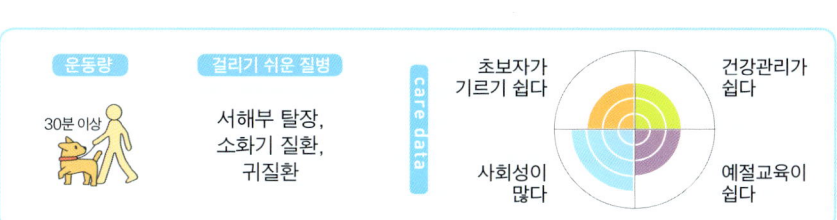

베들링턴 테리어

Bedlington Terrier

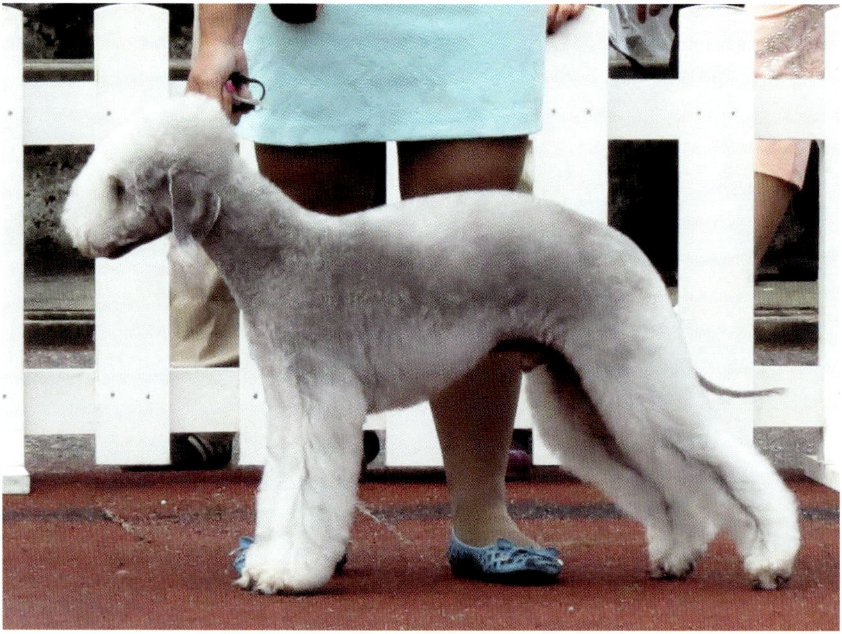

기품 넘치는 인형 같은 외모

 기품 넘치는 인형 같은 외모와는 달리 투견이나 밀렵을 위해 탄생한 견종이다. 이와 같은 배경 때문인지 섬세하면서도 거칠며 공격적인 성격을 가지고 있지만 반려인에게는 깊은 애정을 보낸다. 구리 중독 등 유전병이 있으며 외모에만 혹해서 초보자가 선택하기에 적합한 견종은 아니다.

 복슬복슬하고 독특한 털은 관리가 중요하기 때문에 정기적으로 트리밍해야 하며 눈에 털이 들어가지 않도록 눈 주변 털 정리는 특히 중요하다.

9주된 강아지

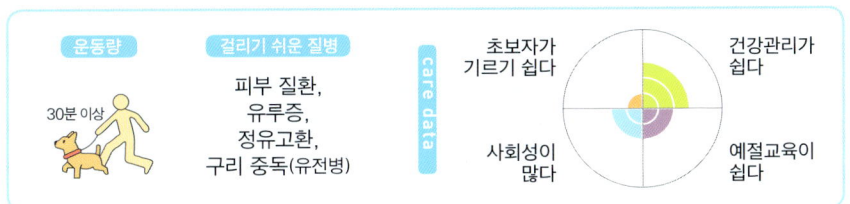

보더 콜리

Border Collie

목양견 출신의 만능 스포츠견

프리스비 대회나 어질리티 경기 등에서 좋은 성적을 거두는 만능 스포츠견이다. 지능이 높고 상황판단력이 뛰어나며 어린아이들과도 잘 놀아주며 목양견 출신인 만큼 훈련시키기도 쉽고 다양한 기술을 쉽게 습득하는 아주 멋진 반려견이다.

반려인에 대한 신뢰가 아주 깊으며 천진난만한 성격을 가지고 있기 때문에 사랑을 주는 것보다 더 많은 것을 받을 수 있을 것이다. 목양견이라고 해서 마구잡이식으로 운동시키면 관절 질환에 걸릴 위험이 있고 피부 질환에도 약하기 때문에 관리에 주의해야 한다.

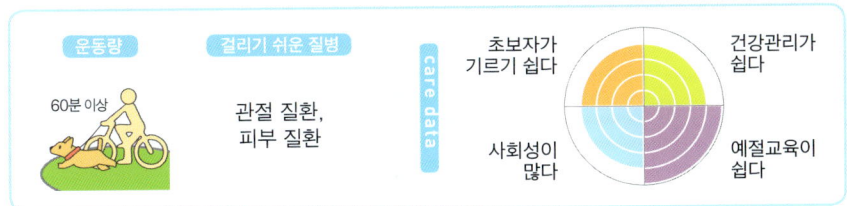

보스턴 테리어

Boston Terrier

라이트 6.8kg 미만 · 미들 6.8~9kg · 헤비 9~11kg

다양한 견종의 장점만 가진 반려견

핏불, 복서, 불독, 프렌치 불독, 불 테리어의 장점만을 모아 탄생한 견종이 보스턴 테리어다. 때문에 침착하고 온순하며 사람에게 친화적이고 영리한 반려견이다. 아주 영리하기 때문에 반려인과의 커뮤니케이션이 약하면 도를 넘는 개구쟁이가 될 수 있다. 코가 눌린 종들은 호흡이 부드럽지 못하며 더운 여름에는 체온이 높게 상승해 열사병에 걸릴 수 있기 때문에 신경 써줘야 하는데 보스턴 테리어는 털도 많이 빠지는 편인 만큼 산책 시간과 환경을 고려해야 한다.

운동량: 30분 이상

걸리기 쉬운 질병: 피부 질환, 구개열, 심장 질환, 안질환 등

care data
- 초보자가 기르기 쉽다
- 건강관리가 쉽다
- 사회성이 많다
- 예절교육이 쉽다

 불독

Bulldog

반려인의 껌딱지견

투견 출신이지만 다정한 성격으로 개량되어 귀여운 이미지가 부각되면서 반려견으로 인기가 많다. 조용하고 온순하며 어리광도 심하고 반려인의 껌딱지가 되어 항상 곁에 있고 싶어 한다. 무서워 보이는 얼굴과는 달리 장난도 심하지 않고 반려인의 말에 순종적이며 간단한 산책만으로도 만족해하는 귀염둥이이다.

하지만 코끝이 눌려 있어 호흡이 거칠고 체온 조절이 원활하지 않아 평소에도 건강관리에 주의를 기울여야 하며 특히 한여름에는 체온 조절에 세심한 주의가 필요하다.

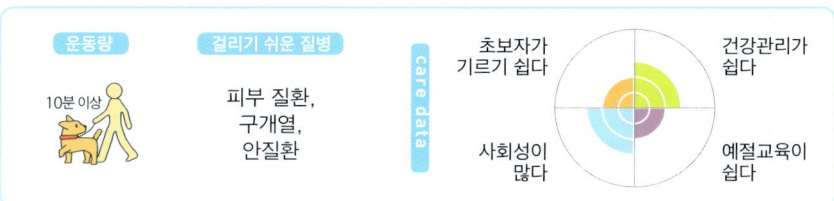

불독

비글

Beagle

개구쟁이의 대명사지만 교감한 만큼 성장하는 영리함!

사교적이고 가족에게 다정하며 어린 아이들에게도 상냥하다. 토끼 사냥을 하던 수렵견 출신이기 때문에 활동량이 많으니 충분히 놀 수 있도록 해줘야 한다. 하루에 2번 각 30분씩 운동이 필요하며 칭찬과 야단을 구분할 줄 알 만큼 영리하다.

귀여운 외모와 응석에 속아서 오냐오냐 하다 보면 버릇이 나빠질 수 있으니 칭찬할 때와 예절교육 할 때를 명확히 구분해주고 커뮤니케이션도 충분히 해줘야 한다. 비만이 되기 쉬운 체질이므로 음식 조절에 주의한다.

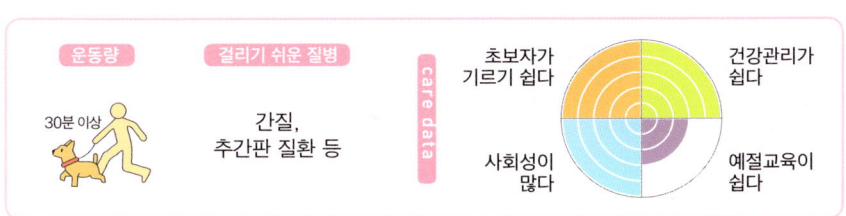

비숑 프리제

Bichon Frise

걸어다니는 봉제 인형!

폭신폭신한 순백의 털로 감싸인 모습이 마치 봉제인형처럼 보이는 견종. 사람에게 안기는 것을 좋아하고 반려인에 대한 사랑이 지극하며 털빠짐이 적고 기품 있는 모습이 아름다운 개다. 말랑말랑 뽀송뽀송해 보이는 겉모습과는 달리 근육질에 단단한 체구를 가지고 있음에도 하루 2번 10분 정도의 산책으로도 만족하므로 돌보는 것이 쉬운 편이다. 단 눈물을 잘 관리하지 않으면 얼굴 주변의 순백의 털이 오염되기 쉽다.

트리밍을 하지 않은 모습

트리밍에 따라 다양한 모습이 가능하다

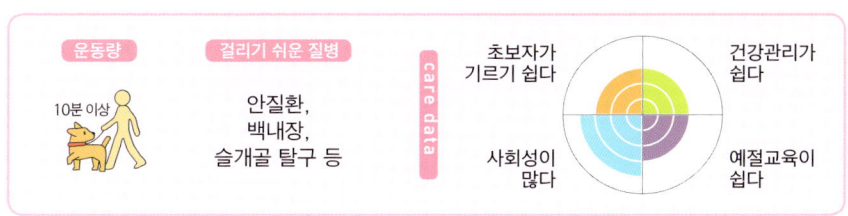

비어디드 콜리

Bearded Collie

장난꾸러기 목양견

턱에 있는 털이 긴 수염처럼 보인다고 해서 비어디드 콜리란 이름을 갖게 된 목양견 출신의 견종이다. 가족을 무척 사랑하고 장난꾸러지 강아지처럼 행동하는 기운 넘치는 응석쟁이이다.

아름답고 긴 털이 매력이지만 눈병의 원인이 되기도 하므로 묶어주는 것이 좋다.

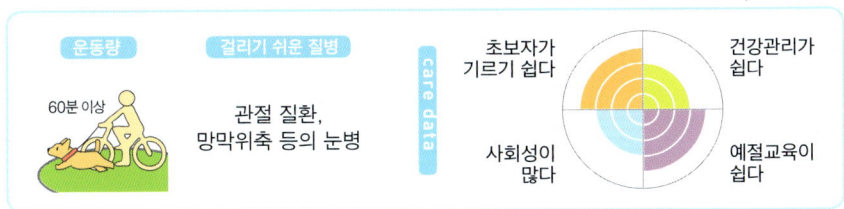

빠삐용

Papillon

나비의 날개 같은 귀를 이름으로!

커다란 귀가 우아한 나비와 닮았다고 해서 나비를 뜻하는 프랑스어 빠삐용이란 이름을 갖게 되었다. 파렌으로도 부르지만 스패니얼 종의 후손으로 콘티넨탈 토이 스파니엘 Continental Toy Spaniel 으로도 불린다. 프랑스 귀부인들의 초상화에 함께 등장할 정도로 귀족들에게 사랑받았으며 털빠짐이 적고 영리하지만 너무 지나치게 응석을 받아주거나 커뮤니케이션이 부족하면 자기가 최고인 줄 알고 가족을 아래로 내려볼 수 있다. 또 야단맞거나 냉대받게 되면 예민한 성격이 나타나 신경질적이고 헛울음이 많아질 수 있다.

하루 30분의 산책으로 충분하며 제대로 예절교육만 된다면 높은 지능을 발휘해 좋은 반려견이 될 것이다.

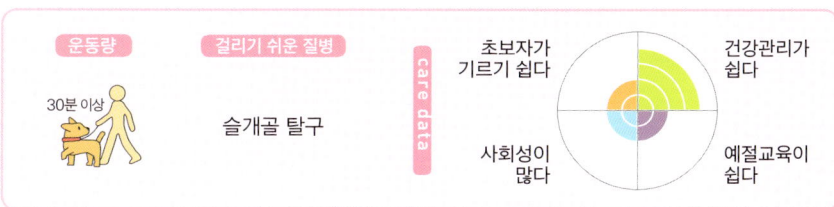

사모예드

Samoyed

웃는 얼굴이 행복을 전하는 순백의 썰매견!

시베리아 지방의 사모예드족이 데리고 다녀 사모예드라고 불리게 된 견종이다. 혹한의 추위에서 썰매를 끌고 사냥을 하며 사람의 친구로 지낸 견종답게 쾌활하고 명랑하며 반려인에게 애정이 깊다. 사람을 좋아하는 만큼 외로움도 많이 타기 때문에 반려인의 관심을 필요로 하며 겨울에 강한 대신 여름에 약하므로 더위가 시작될 때는 특히 털 관리가 필요하다.

유튜브에 사모예드의 털관리가 올라온 동영상에서 볼 수 있듯 봄가을 털갈이는 상상을 초월한다. 사역견 출신인 만큼 하루 2번 각 30분씩의 산책도 중요하다.

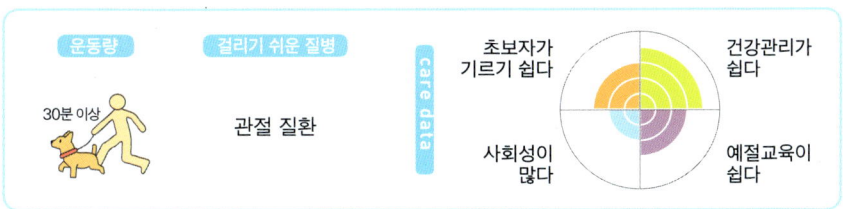

샤페이

Shar Pei

온몸의 주름이 매력!

늘어진 피부를 뜻하는 중국어가 견종명이 되었던 것에서 알 수 있듯이 몸 전체에 주름이 있다. 그 모습이 귀여워 애정하는 반려인들이 많은데 피부가 약하고 추위를 잘 타기 때문에 피부 주름 사이사이를 닦아주는 등 항상 관리가 필요하다.

가족 외엔 마음을 잘 열지 않는 견종이므로 호기심에 손을 내밀어도 꼬리를 흔들어주지는 않을 것이다. 고집스런 성격이라 예절교육에도 인내와 시간이 필요하다. 따라서 초보자가 쉽게 키울 수 있는 견종은 아니다.

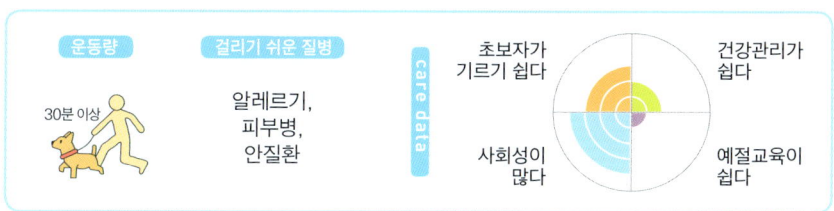

세인트 버나드

Saint Bernard

알프스의 설산을 다니며 사람을 구조하는 구조견!

알프스의 세인트 버나드 수도원에서 키워 견종명이 세인트 버나드로, 포도주를 담은 통을 목에 매달고 설산을 다니며 사람을 구한 구조견으로 유명하다.

성견으로 자라면 성인 남자만큼의 무게를 자랑하기 때문에 로망으로 키울 수 있는 견종은 아니다. 또 온순하고 영리하지만 훈련이 되지 않으면 제멋대로에 공격성도 나타날 수 있는 만큼 꼭 예절교육이 필요하다.

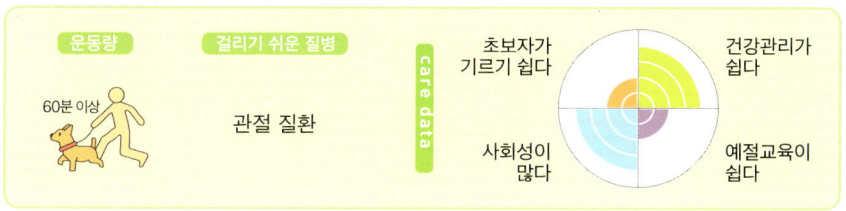

셰틀랜드 십독

Shetland Sheepdog

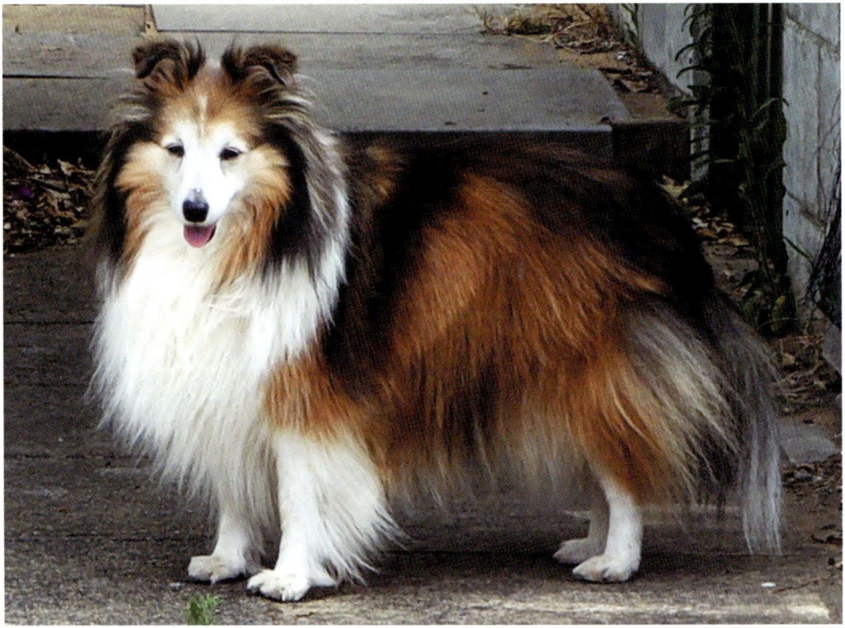

화려한 외모를 자랑하는 목양견

셔틀랜드 제도에서 목양견으로 활동했던 아름답고 화려한 외모를 자랑하는 견종이다. 목양견 출신인 만큼 운동은 필수이므로 하루 2번 각 30분씩 산책하며 반려견과의 교감을 도모하는 것이 좋다.

영리하고 다정하며 참을성도 강한 성격이므로 제대로만 예절교육이 된다면 좋은 반려견이 되어줄 것이다.

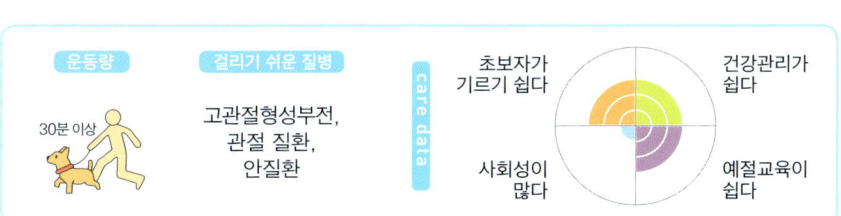

스탠더드 푸들

standard poodle

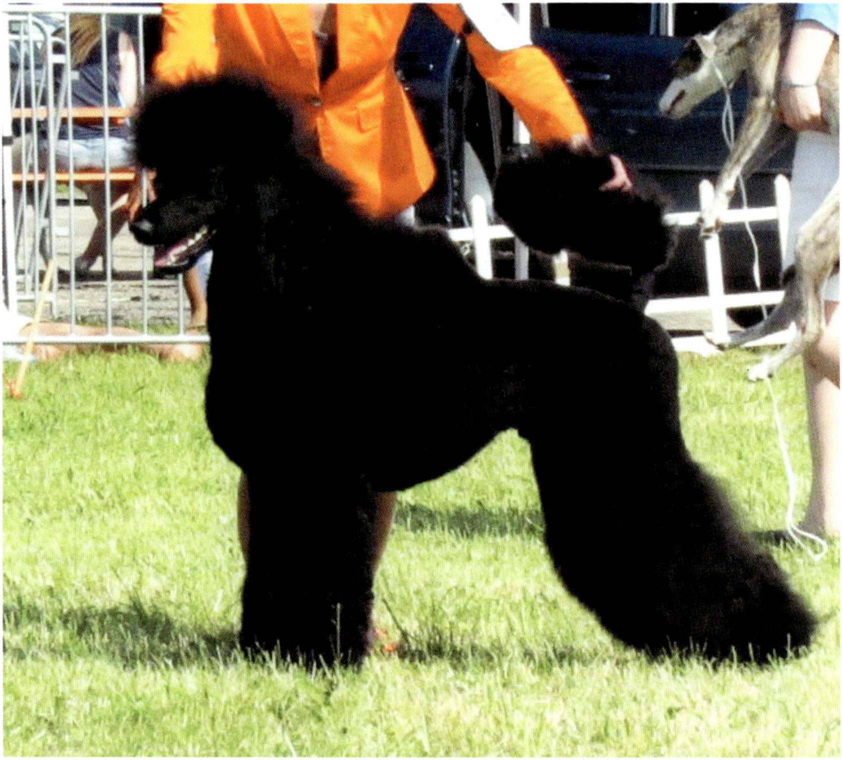

인형 같은 외모에 듬직함을 탑재한 반전 매력!

 야생 물새 사냥에서 활약하던 스탠더드 푸들은 조렵견 출신답게 가장 영리한 견종 중 하나이다.

 물속에서 첨벙첨벙 소리를 낸다는 뜻의 독일어 푸데롱에서 이름이 나왔으며 물에 떨어진 사냥감을 회수해 와야 하기 때문에 심장과 관절을 보호하기 위해 사진과 같은 클립 컷을 해줬다.

 명랑쾌활한 성격이며 애교가 많고 조렵견 출신인 만큼 운동량이 많이 요구된다.

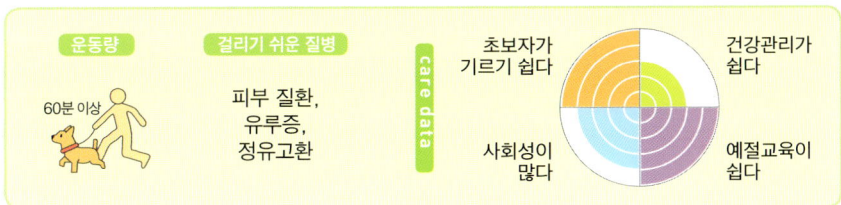

시바

Shiba

인기 견종으로 떠오른 매력둥이!

　요즘 한국에서 인기가 많은 일본의 천연기념물이다. 민첩하고 활동적이며 반려인에게 충실한 견종으로 일본과 같은 계절을 가진 한국에서 적응하기 쉽다. 반려인과의 커뮤니케이션과 산책이 중요하며 털빠짐도 심하기 때문에 계절 털갈이는 각오하는 것이 좋다. 또한 예절교육이 제대로 되지 않으면 헛울음이 많아지므로 주의해야 한다.

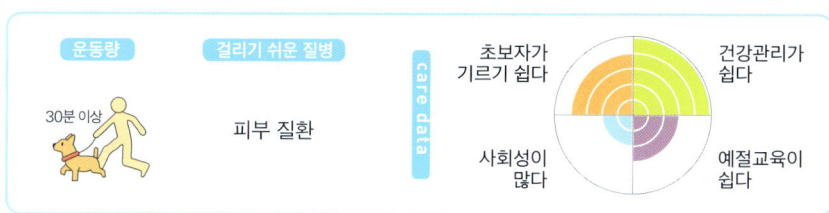

시베리안 허스키

Siberian Husky

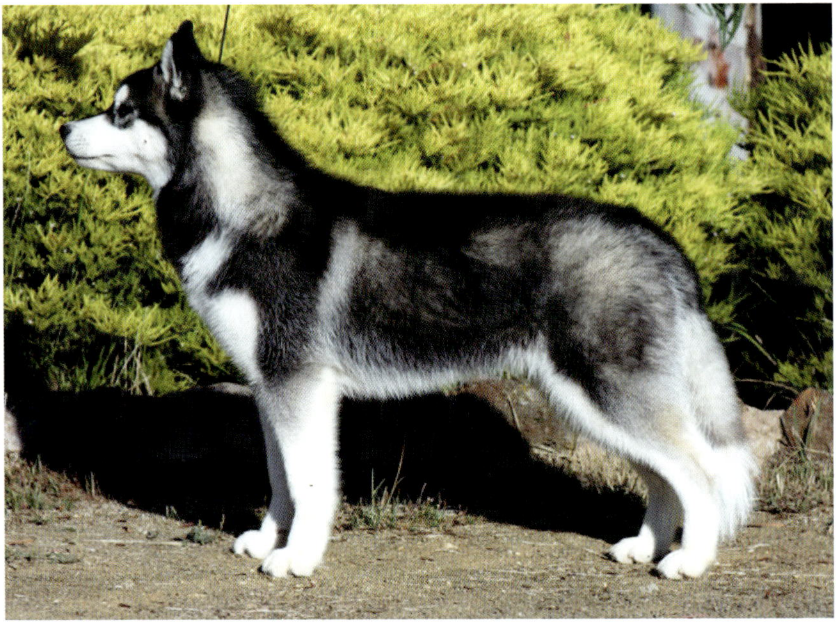

낙천적 성격이 매력인 긍정왕!

늘대를 닮은 얼굴과는 달리 낙천적이고 명랑하며 마음을 허락한 사람에게는 매우 다정다감하다. 매사에 긍정적이고 밝아서 훈련이 힘들 수도 있지만 제대로 교육시킨다면 훌륭한 반려견이 되어줄 것이다.

시베리안 허스키의 낙천성과 태평함은 편안하고 맘에 드는 곳이면 집이 아니어도 눌러앉을 정도이기 때문에 때로는 집을 못 찾을 정도로 머리 나쁘다는 오해를 받기도 한다.

시베리아의 썰매견이었던 만큼 하루 2번 각 1시간씩 자전거로 운동을 시켜주는 것이 좋으며 여름 더위에 약하므로 이때는 해지고 난 후 산책을 시키는 것이 좋다.

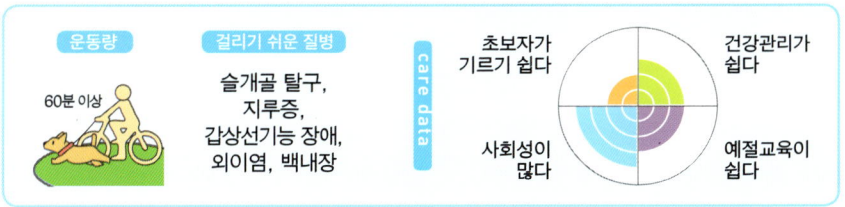

시추

Shih Tzu

감정이 풍부한 인기 반려견

 귀여운 외모로 손꼽혀 가장 사랑받는 반려견 중 하나이다. 귀여운 얼굴과 애교 넘치는 성격, 동그란 단추 같은 눈은 보는 것만으로도 기분 좋은 모습이다. 견종 중에서는 덜 영리한 편이지만 반려인에게 보이는 다양한 행동과 감정이 풍부하게 전해져 귀여움을 배가시킨다. 커뮤니케이션이 부족하면 신경질적이고 헛울음이 많아질 수 있으니 가족과의 교감이 중요하다.
 성견이 되면 긴 털이 눈에 들어가 각막을 손상시킬 수도 있으니 짧게 트리밍해 관리해주는 것이 좋다.

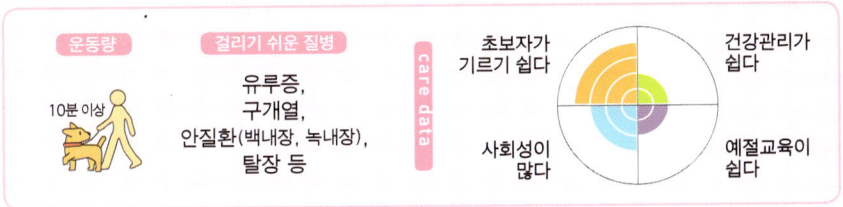

아메리칸 코커스패니얼

American Cocker Spaniel

코 끝이 둥글면 아메리칸 코커스패니얼

영국의 이민자들이 미국으로 건너오면서 함께 온 아메리카 코커스패니얼은 조상인 잉글리시 코커스패니얼과 모습이 같지만 코끝이 둥근 견종이 아메리칸 코커스패니얼이고 코끝이 긴 견종이 잉글리시 코커스패니얼이다.

아름답고 긴 털과 늘어진 귀가 특징인 애교쟁이로, 똑똑한 만큼 어리광을 받아주다 보면 반려인이 끌려다니기 쉽다. 알레르기성 피부병이 발생할 확률이 높은 편이고 늘어진 귀를 제대로 관리해주지 않으면 외이염의 위험성이 있다. 슬개골도 약하며 백내장도 다른 견종에 비해 더 주의해야 할 질병이다.

피부 질환과 건강 관리에 특히 주의해야 할 견종이지만 제대로 관리해준다면 아름다운 털과 사랑스런 애교가 기쁨을 더해주는 사랑스런 반려견이다.

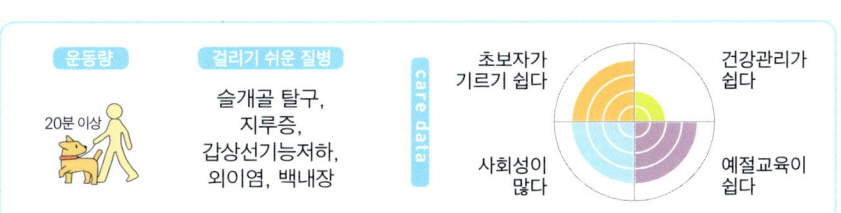

아프간하운드

Afghan Hound

우아하고 기품 넘치는 귀부인을 연상시키는 반려견

걷는 모습만으로도 그림이 되는 우아하고 기품 넘치는 견종. 나긋나긋한 걸음마다 아름다운 털이 찰랑거리는 모습에 반하게 된다. 하지만 하운드종 답게 긴 운동시간을 필요로 하며 강한 자존심과 까다로운 성격을 보여준다. 따라서 초보자에게 적합한 견종은 아니지만 반려인이 조용히 옆에 있어주는 것만으로도 상당부분 만족하며 마이페이스이기 때문에 개에 대해 잘 아는 사람에게는 좋은 반려견이 되어 줄 것이다.

하운드 종답게 빠른 스피드를 자랑한다

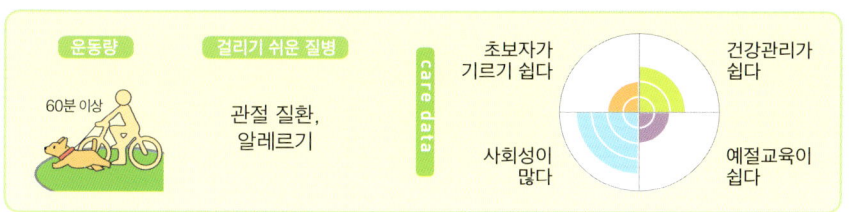

올드 잉글리시 십독

Old English sheepdog

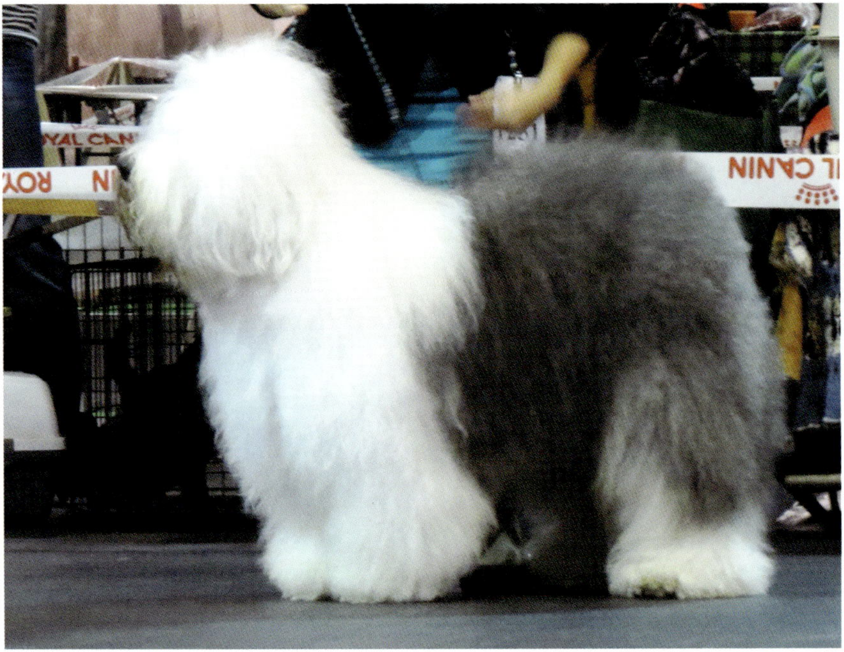

대형견의 듬직함 대신 재기발랄 장난꾸러기

복슬복슬한 털들이 매력적인 목양견. 눈을 가릴 정도로 긴 털들로 둘러싸인 인형 같은 외모를 가지고 있다. 목양견 출신인 만큼 운동도 좋아하고 활발하며 장난꾸러기로, 대형견이 가지는 침착하고 듬직한 매력은 기대하지 않는 것이 좋다.

하루 2번 각 1시간씩 자전거로 운동을 시켜주는 것이 중요하며 여름에는 더위를 조심해야 한다. 놀이에 집중하다 보면 공격적인 성향이 나타날 수 있으므로 주의해야 하며 기분 상태에 따라 행동이 달라지므로 반려가족 외에는 함부로 만지지 않는 것이 좋다.

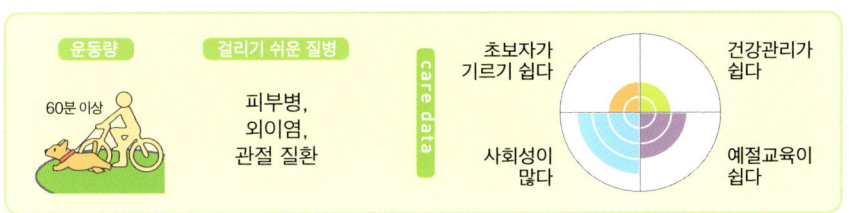

와이어 폭스 테리어

Wire Fox Terrier

S 8kg 내외

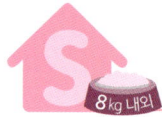

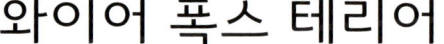

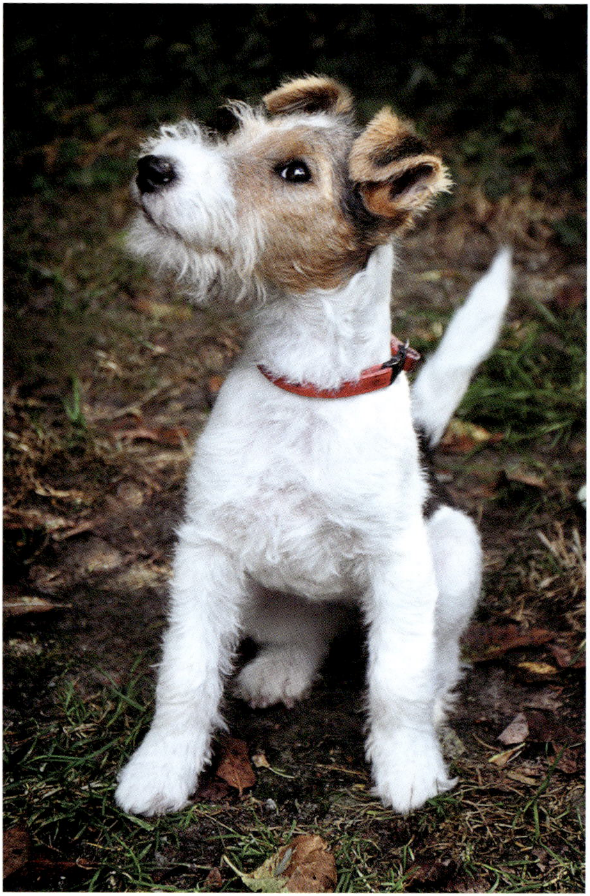

귀염귀염하지만 테리어 출신의 반려견!

포커페이스를 유지한 채 반려가족에게만 상냥하고 순종적일 뿐 타인에겐 경계심을 늦추지 않는, 테리어의 피를 가진 귀염 넘치는 개구쟁이 견종이다.

환경의 변화나 반려인과의 교감이 부족하면 스트레스를 받는 섬세함을 가지고 있으며 매일의 산책이 삶의 활력소이므로 거르지 않도록 한다.

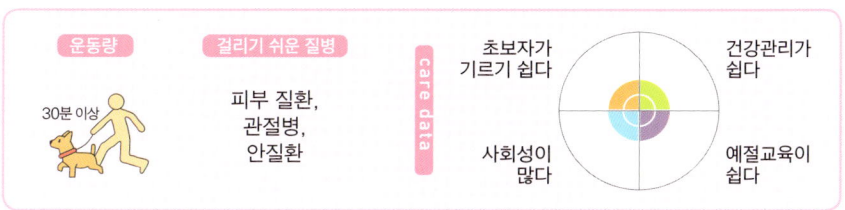

요크셔테리어

Yorkshire Terrier

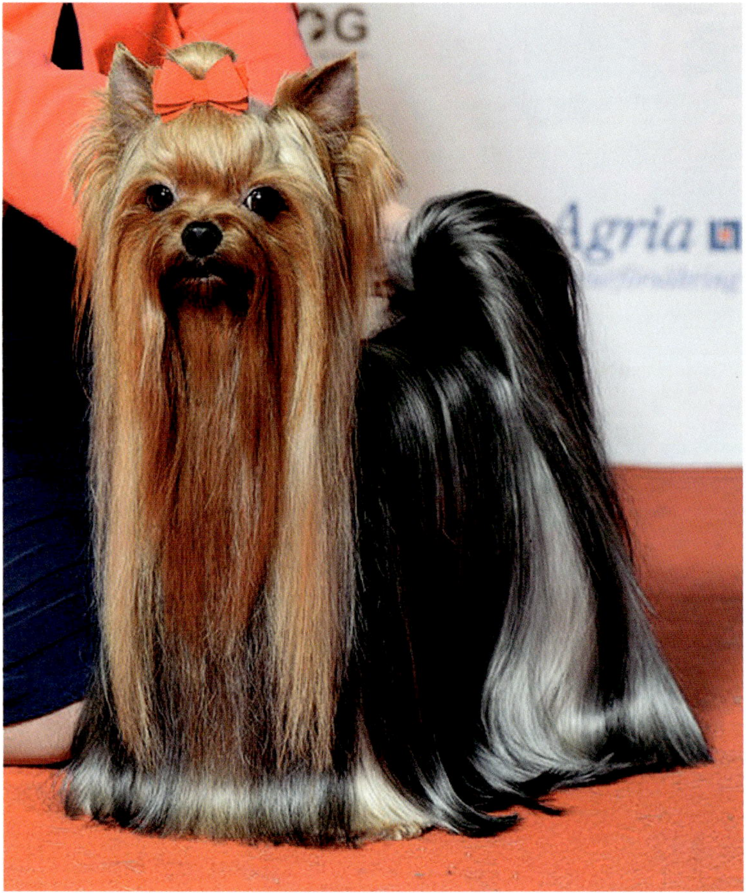

'움직이는 보석'을 별명으로 가진 인기 반려견

영국 요크셔에서 쥐를 잡던 견종 출신인 요크셔테리어는 귀여운 외모와 활발한 성격으로 유럽 귀부인들의 사랑을 받으면서 움직이는 보석이란 별명을 얻게 되었다. 쥐 사냥을 했던 조상의 피를 물려받아 승부욕이 강하고 시끄럽게 잘 짖기 때문에 강아지일 때부터 제대로 예절교육을 시켜야 한다.

애교 많은 성격인 만큼 외로움도 잘 타기 때문에 혼자 있는 시간을 길게 두면 안 되며 주도권을 빼앗기게 되면 제멋대로 되기 싶다.

아름다운 코트를 자랑하지만 그 아름다운 코트를 위해서는 자주 트리밍 해줘야 하며 얼굴 주변의 털을 정리해주지 않으면 피부병에 걸리기 쉽다.

강아지 시절의 모습으로 성견이 되었을 때의 코트색을 유추해서는 안 된다.

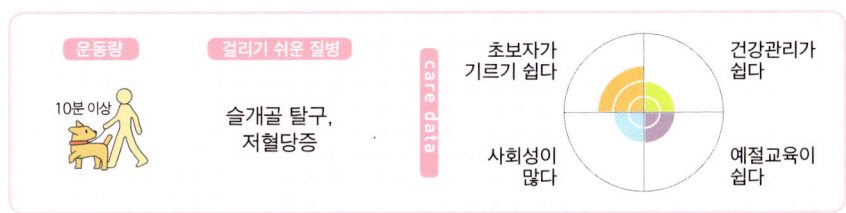

웰시 코기 팸브룩 Welsh Corgi Pembroke

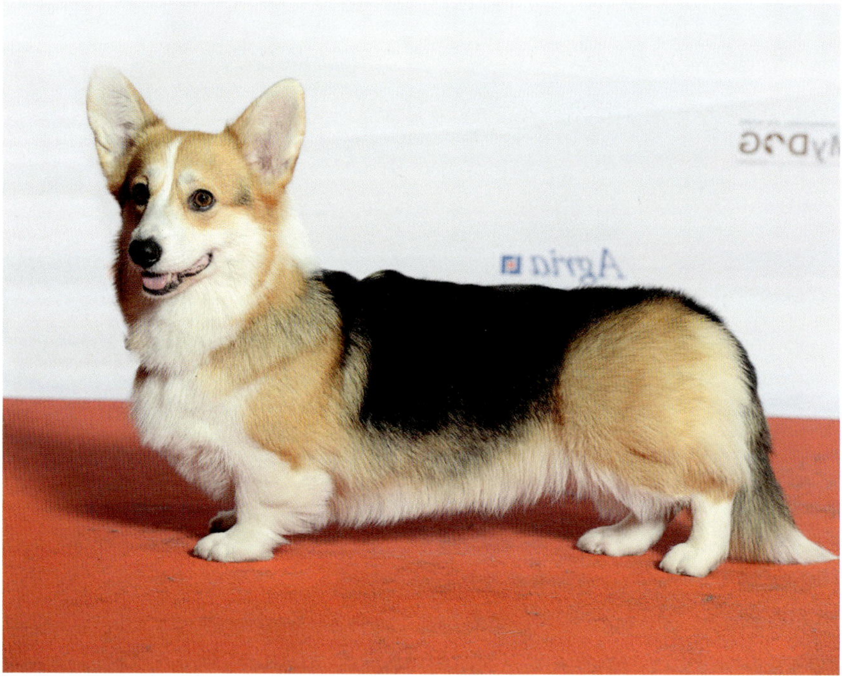

짧은 다리와 순둥한 얼굴이 매력

　농장에서 소의 다리 사이를 다니며 소들을 몰기 쉽도록 짧은 다리를 갖게 된 웰시 코기는 영리하고 훈련에 대한 빠른 습득력을 지닌 견종이다.

　목축견답게 참을성도 있고 천진난만하고 온순한 성격을 가져 어린아이들의 좋은 친구가 되어줄 수 있다.

　다리가 짧은 만큼 걸음걸이가 무척 귀여워 오랜 기간 전 세계에서 사랑받으며 반려견 중 인기종으로 자리 잡고 있다.

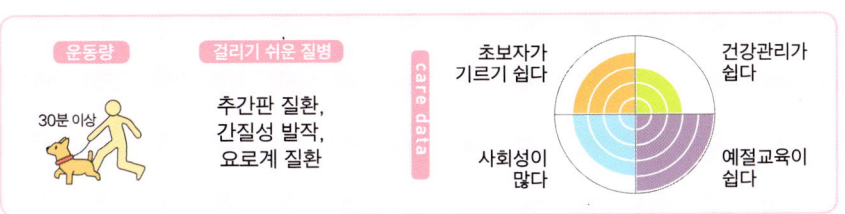

이탈리안 그레이하운드

Italian Greyhound

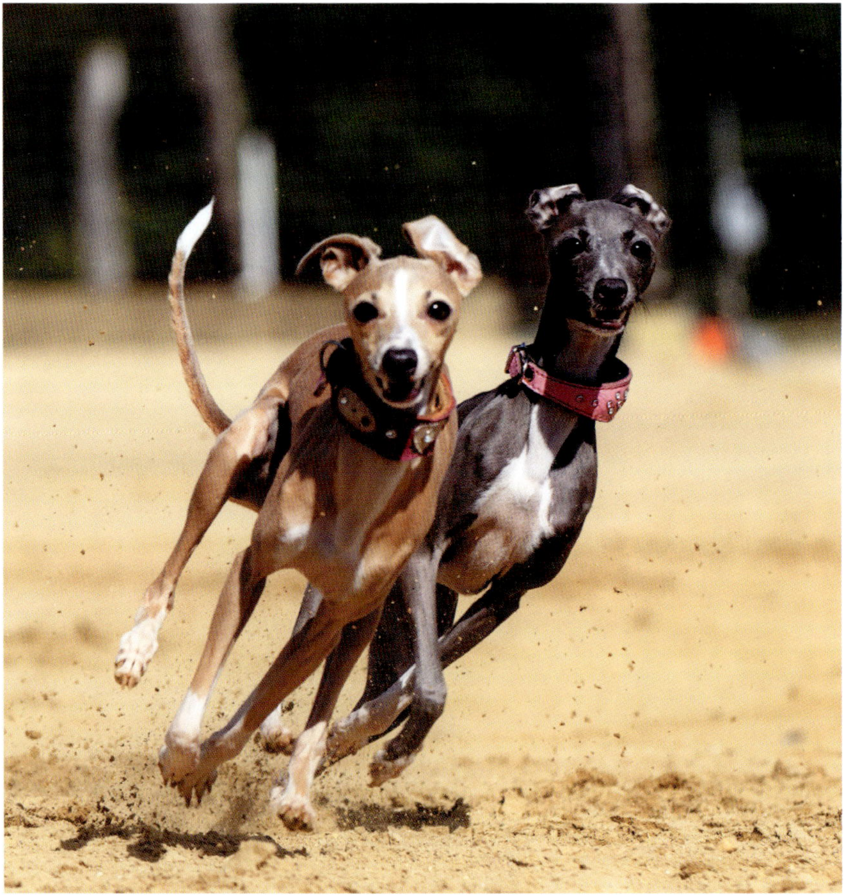

가장 날씬한 육상 선수견

몸무게만 봐도 얼마나 날씬한지 짐작이 갈 것이다. 하운드종이 그렇듯 달리는 것을 좋아하지만 하루 2번 각 20여 분의 산책으로 운동은 충분하며 천진난만하고 쾌활한 성격에 겁이 많고 가족에게는 정말 다정다감하다. 체취도 거의 없고 털빠짐도 적으며 짖는 버릇도 없어 실내견으로 안성맞춤이지만 아주 슬림한 몸은 과격한 운동을 하면 골절의 위험이 있으므로 주의해야 한다.

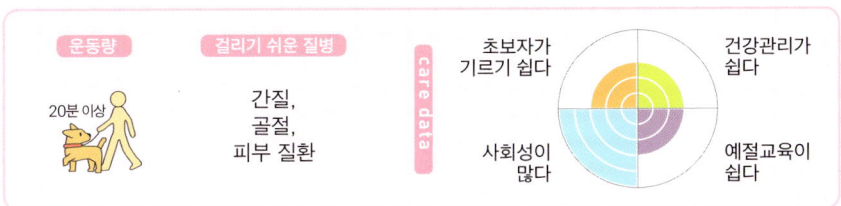

잉글리시 코커스패니얼

English Cocker Spaniel

코끝이 길면 잉글리시 코커스패니얼

아메리칸 코커스패니얼의 조상견. 영국에서 산도요새(영어로 코커) 사냥 전용 엽견으로 활동한데서 이름 붙였다. 엽견 출신에서 추측할 수 있듯이 운동을 좋아하고 매우 영리해서 반려인이 제대로 컨트롤하지 못하면 얕잡아 볼 수 있다. 기준을 정한 뒤 예절교육을 시키면서 반려견 출입이 가능한 공터에서 자유롭게 운동한다면 훌륭한 가족이 될 수 있다. 긴 털의 관리가 중요한 만큼 부드러운 빗질을 통해 교감하는 과정도 꼭 필요하다.

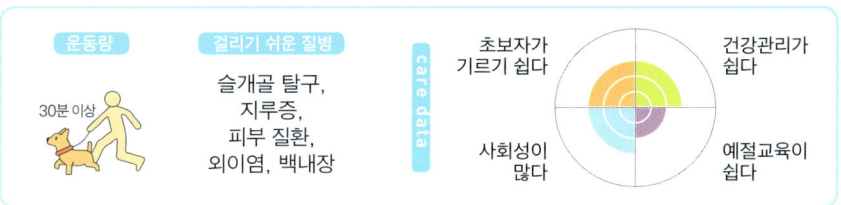

저먼 셰퍼드 독

German Shepherd Dog

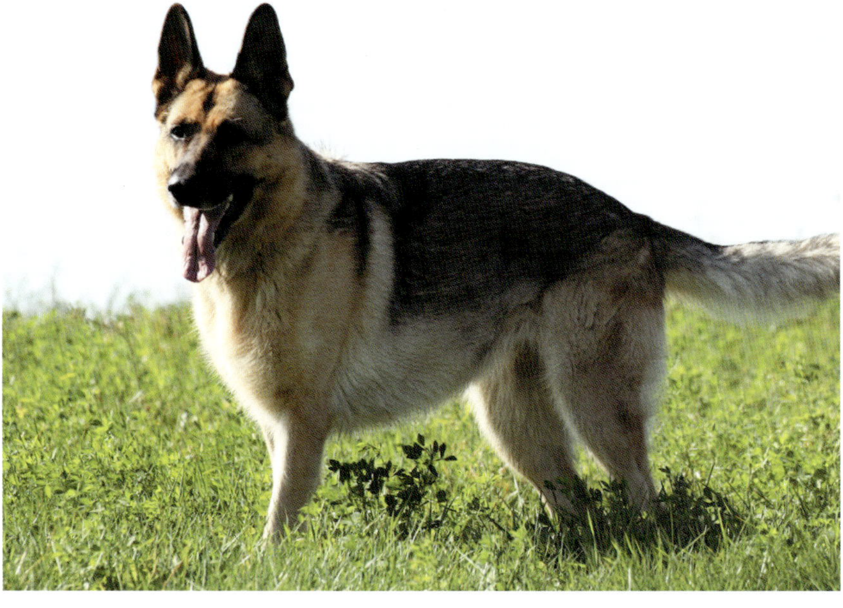

영리함의 대명사로 꼽히는 반려견

모든 견종 중 가장 우수하고 영리한 견종을 말해보라고 하면 아마 대부분 저먼 셰퍼드 독을 떠올릴 것이다. 경찰견, 마약 탐지견으로 맹활약할 뿐만 아니라 군대견으로도 가장 우수한 성적을 보여준다. 이처럼 영리하기에 키우기 쉬울 거라고 생각할 수도 있지만 초보자가 가장 조심해야 할 견종 중 하나이다. 반려인은 이 견종의 훈련방법을 숙지하고 항상 함께 하지 않는다면 저먼 셰퍼드로부터 업신여김을 당할 수도 있기 때문이다. 즉 그만큼 많은 운동과 훈련을 필요로 하는 견종이란 뜻이다.

운동량이 상당한 만큼 관절 질환에 걸리기도 쉽다.

이 모든 것을 각오하고 지킨다면 저먼 셰퍼드는 최고의 반려견이 되어줄 것이다.

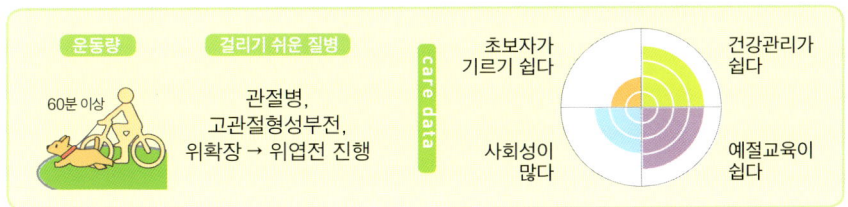

제패니즈 스피츠

Japanese Spitz

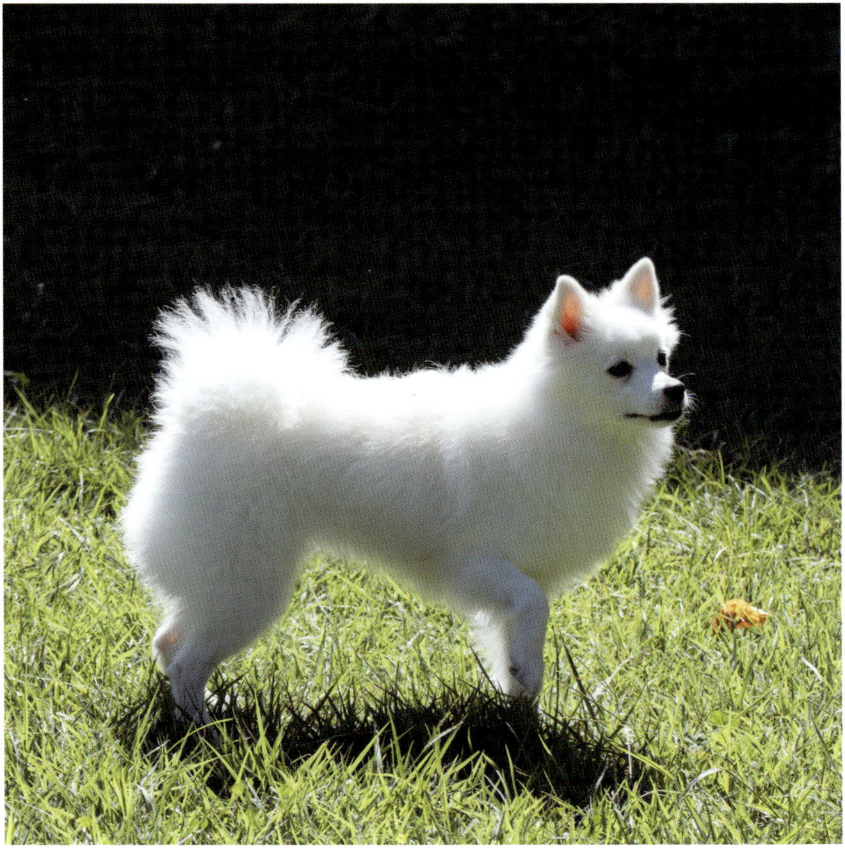

순백의 솜사탕 같은 털이 매력인 순둥이

불을 의미하는 러시아어 스피츠에서 유래한 이름이다. 예절교육에 실패하면 시끄럽게 짖는 걸로 유명하지만 사실 순백의 털이 아름다운 온순하고 영리한 견종이다. 가족을 사랑하고 쾌활한 성격은 이 종의 장점이다.

부드럽고 폭신한 털임에도 손질은 편한 쪽에 속하지만 쉽게 더러워지기 때문에 자주 목욕을 시키며 관리해야 한다.

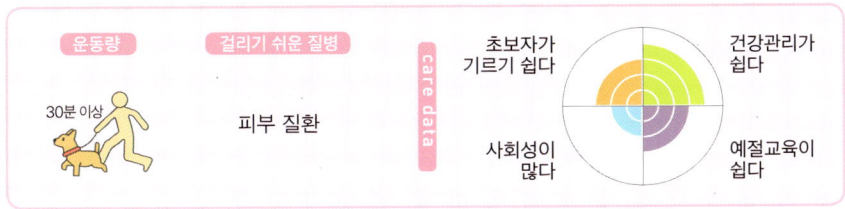

진돗개

Jindo Dog

한 주인만 섬긴다는 충성심 강한 반려견

한 주인만 섬긴다는 소리가 나올 정도로 충성심이 강하고 가족에게 다정하다. 호랑이와도 싸웠다는 이야기가 전해져 올 정도로 용맹하며 경계심이 강하고 이상 감지 능력이 뛰어나며 수상한 사람에게는 공격성을 드러낼 수도 있다. 한국의 천연기념물로 소중하게 관리되고 있으며 한국 토종개이기 때문에 건강관리가 쉬운 편이다.

무척 영리하기 때문에 제대로 교육시킬 수 없다면 우리가 알고 있는 높은 지능의 진돗개를 볼 수 없는 만큼 초보자가 쉽게 기를 수 있는 견종은 아니다.

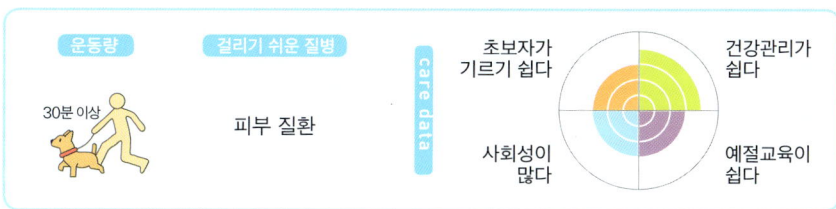

치와와

Chihuahua

견종 중 가장 작은 반려견

견종 중 가장 작은 개로 알려진 치와와는 귀엽고 깜찍한 모습과는 달리 승부욕도 강하고 쌈꾼 기질도 갖고 있다. 평소에는 어리광이 많고 겁쟁이에 깜찍발랄하다. 아주 간단한 기초훈련은 가능하지만 난이도가 있는 훈련은 인내심이 부족해 어려울 수 있다. 이때는 야단을 치기보다는 여유를 갖고 끈기 있게 시도하며 자존심에 상처를 입지 않도록 해주어야 한다.

치와와는 장모종과 단모종이 있으며 아주 작은 체구 때문에 실내 놀이만으로도 운동은 충분할 뿐만 아니라 실내 놀이에서도 다칠 위험이 있으니 미리 주의해서 위험한 것들은 치워두는 것이 좋다.

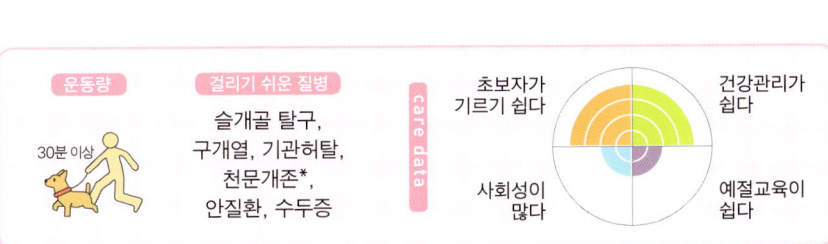

* 천문개존: 두개골의 윗부분이 열려 있는 증상.

카네코르소

Cane Corso

케인코르소로 잘못 알려진 카네코르소

미국식 발음 케인코르소로 알려진 카네코르소는 마피아가 경비견으로 많이 써서 마피아견으로 유명하며 무서운 얼굴을 하고 있지만 사실 순한 성격에 소심한 면도 가진 견종이다. 영리하고 가족에게 충성스러우며 어린아이에게도 상냥하다. 이탈리아에서 다양한 가축을 돌본 이탈리안 마스티프로, 조상의 피를 이어받아 경비견의 장점을 두루 가진 견종이기 때문에 상황 파악이 빠르고 진중한 성격을 가져 좋은 반려견의 조건을 갖추고 있다.

하지만 외모만 보고 투견으로 오해받아 슬픈 견종이다.

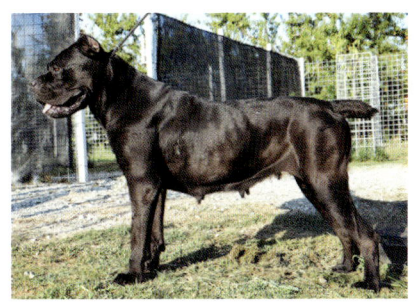

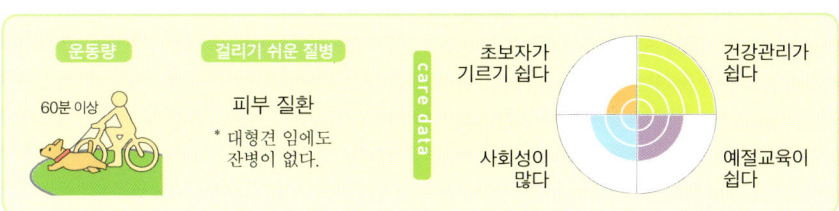

 # 퍼그

pug

귀염과 애교가 최강!

라틴어 퍼그너스(주먹)에서 유래한 퍼그는 패키니즈와 같은 조상에서 기원한다. 눌린 얼굴이 개그감 충만이지만 쾌활하고 인내심이 강한 영리한 견종이다. 성격도 순해서 어린아이들과도 잘 놀아주는 훌륭한 반려견의 품성을 지니고 있다.

눌린 얼굴들의 특징인 호흡기 질환에 약하며 더위에 노출되는 것도 위험하므로 햇빛 강한 날 차 안에 혼자 두는 것은 삼가야 한다.

또한 털비가 내린다고 할 정도로 털빠짐이 심하다.

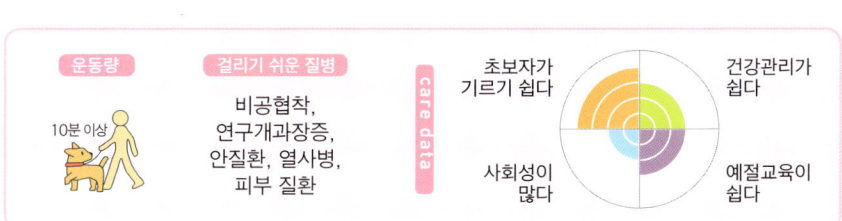

페키니즈

Pekingese

강아지계의 냥이!

강냥이가 유행이다. 강아지 같은 냥이와는 반대로 냥이 같은 강아지에 가장 잘 어울리는 견종이 페키니즈일 것이다. 마이페이스에 밀당을 잘하며 응석쟁이이다. 만약 이 응석을 끝없이 받아주게 되면 제멋대로에 기분이 나쁘면 공격하는 나쁜 습관을 갖게 되니 초기에 예절교육을 잘 시켜야 한다. 고양이에 가깝다는 것은 생활 습관에서도 나타난다. 크게 운동 시키지 않아도 불만 없고 나이가 들면 운동 자체를 귀찮아한다. 그런데 너무 운동을 시키지 않으면 성인병의 위험이 있으므로 가벼운 산책 정도는 해주는 것이 좋다. 긴 털도 매일 빗질이 필수이며 얼굴 주변의 털은 묶어주거나 정리해주도록 한다.

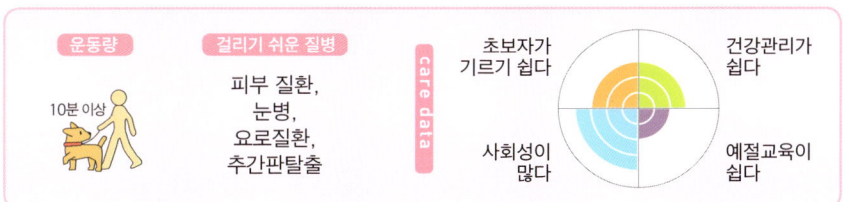

포메라니안

Pomeranian

자신이 귀여운 것을 너무 잘 아는 애교쟁이

세계적 스타견인 Boo가 포메라니안이다. 귀엽고 또랑또랑한 눈동자와 앙증맞은 얼굴로 종종종 걸어다니는 모습은 그 자체로 인형이다. 그리고 포메라니안은 자신이 얼마나 사랑스럽고 귀여운지 잘 안다. 귀여운 외모와는 달리 사모예드를 조상으로 한 목양견 출신이다. 그래서 참견도 잘하고 자기주장도 강하다. 처음부터 제대로 예절교육을 시키면 헛짖음과 공격성을 관리할 수 있지만 귀여운 얼굴에 약해져 모든 응석을 받아주면 제멋대로가 되니 조심해야 한다.

부드럽고 살랑거리는 긴 털은 섬세한 만큼 하루 한번 이상 일자빗으로 섬세하게 빗질해주어야 한다.

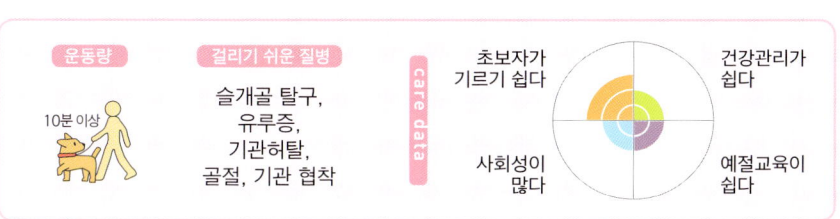

푸들

Poodle

귀여운 외모에 영리한 두뇌의 반려견

푸들은 스탠더드 푸들의 개량종인 만큼 귀여운 외모에 영리한 두뇌를 가지고 있다. 우리가 보는 푸들의 트리밍은 테드 베어 컷이 많으며 기억력이 좋아 예절교육에 뛰어난 재능을 발휘한다. 푸들을 좀 더 작게 개량한 것이 티컵 푸들로, 인위적 탄생인 만큼 뼈와 관절이 약하므로 무리한 산책이나 너무 과하게 뛰어놀지 않도록 해야 하며 건강 관리에 유의해야 한다.

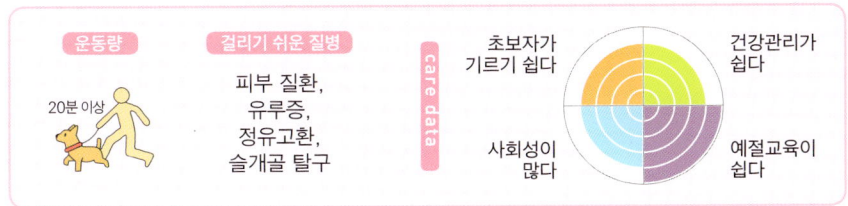

프렌치 불독

French Bulldog

배려심을 탑재한 정 많은 반려견

무서운 얼굴로 보이지만 사실 개그감 넘치는 정 많은 반려견이다. 호기심에 비해 과한 행동은 없으며 배려심도 가지고 있다.

하지만 기본 교육을 철저하게 시키지 않으면 많이 힘들 수 있으므로 초보자는 도전하지 않는 것이 좋다.

코가 눌린 견종의 특성상 호흡이 부드럽지 않고 얼굴 주변의 주름에 오염물질이 들어가기 쉽기 때문에 체온 상승과 열사병, 피부병을 조심해야 한다. 평소 이 부분들을 기억하며 관리한다면 건강한 생활을 할 수 있다.

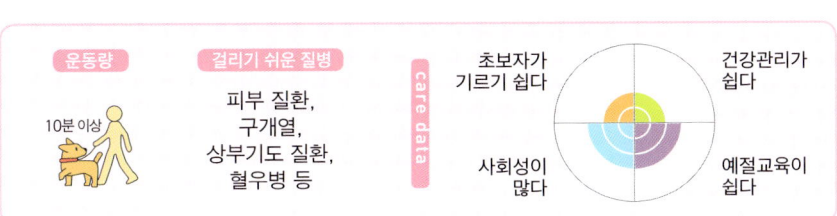

이미지 저작권

앞 표지	www.shutterstock.com
뒷 표지	www.shutterstock.com, www.kisscc0.com, www.utoimage.com
61 오	CC-BY-SA-4.0: Tesori di Carli
74	CC-BY-SA-3.0: migrated-Rottweiler
75 오	CC-BY-2.0: This Pilgrim's Progress
80	CC-BY-SA-3.0: Томасина
83 오	CC-BY-SA-3.0: Canarian
85 오	CC-BY-SA-2.5: Gianluca Alaimo
86	CC-BY-SA-3.0: Holger muller
87	CC-BY-SA-3.0: Holger muller.jpg
88	CC-BY-SA-3.0: Томасина.jpg
89 오	CC-BY-SA-2.0: Elyssa Albert
100	CC-BY-SA-2.0: Svenska Massan from Sweden
103 왼	CC-BY-SA-4.0: Maeluma
103 가운데	CC-BY-SA-3.0: sannse
104	CC-BY-SA-3.0: Gvdmoort
105 왼	CC-BY-SA-2.0: Ron Armstrong from Helena, MT, USA
112	CC-BY-SA-2.0: nickobec
114	CC-BY-SA-4.0: Томасина
115 왼	CC-BY-SA-3.0: Inbalsigal
117 왼	CC-BY-SA-4.0: Wesl90
118	CC-BY-SA-4.0: Utopialand
121 위오	CC-BY-SA-3.0: Metlifebee
122	CC-BY-SA-3.0: m bakker
123 오	CC-BY-SA-4.0: Henrique Poyatos 2
124 아래	CC-BY-SA-4.0: IrinaOnt
126	CC-BY-SA-3.0: Томасина.jpg
125 아래오	CC-BY-SA-4.0: Ltshears
130	CC-BY-SA-4.0: Томасина
134	CC-BY-SA-4.0: Svenska Massan from Sweden
135	CC-BY-SA-3.0: Pelz
136	CC-BY-SA-3.0:Christian Glockner.jpg
137 아래	CC-BY-SA-3.0: Christian Glockner
138	CC-BY-SA-2.0: Svenska Massan from Sweden
141 아래	CC-BY-SA-3.0: Marsiyanka
149 위 왼	CC-BY-SA-4.0: DoglovingJim
159 오	CC-BY-SA-4.0: Topmoretta

참고 도서 및 사이트

《인기 강아지 도감 174》 일동서원본사 편집부 지음 | 사쿠사 카즈마사 감수 | 강현정 옮김

《내 강아지 오래 살게 하는 50가지 방법》 우스키 아라타 지음 | 강현정 옮김

《내 강아지 오래 살게 하는 건강 대사전》 와카야마 마사유키 감수 | 강현정 옮김

《내 강아지 스트레스 없이 행복한 75가지 놀이 방법》 글레어 애로스미스 지음 | 강현정 옮김

《강아지와 함께 하는 행복한 놀이 방법》 글레어 애로스미스 지음 | 강현정 옮김

한국애견연맹 www.thekkf.or.kr

American Kennel Club www.akc.org

내 강아지
스트레스 없이 행복한
75가지 놀이 방법

클레어 애로스미스 지음 | 강현정 옮김 | 13,000원

동물행동학 전문가가 전하는 두뇌 활성 놀이

잘 노는 개가 더 행복하다

개 평생 똑같은 놀이가 지루하다면
집안에서도 야외에서도 상황에 맞게
고를 수 있는 놀이 75로
마음껏 뛰놀면서
스트레스를 날려버리자

강아지와 함께 하는 **행복한 놀이** 방법

클레어 애로스미스 지음 | 강현정 옮김 | 13,000원

내 강아지와 유대감을 높이는 행복해지는 놀이

잘 노는 강아지가 건강하고 행복합니다

당신의 반려견은 충분한 훈련과 운동을 하며 행복한 시간을 만끽하고 있나요?

당신의 행복이 되어 주는 반려견은 지금 어떤 놀이를 하며 어떻게 지내고 있나요?